日米戦争を起こしたのは誰か

ルーズベルトの罪状・フーバー大統領回顧録を論ず

加瀬英明【序】
藤井厳喜・稲村公望・茂木弘道【著】

1964年8月、共和党全国大会で演説するフーバー

勉誠出版

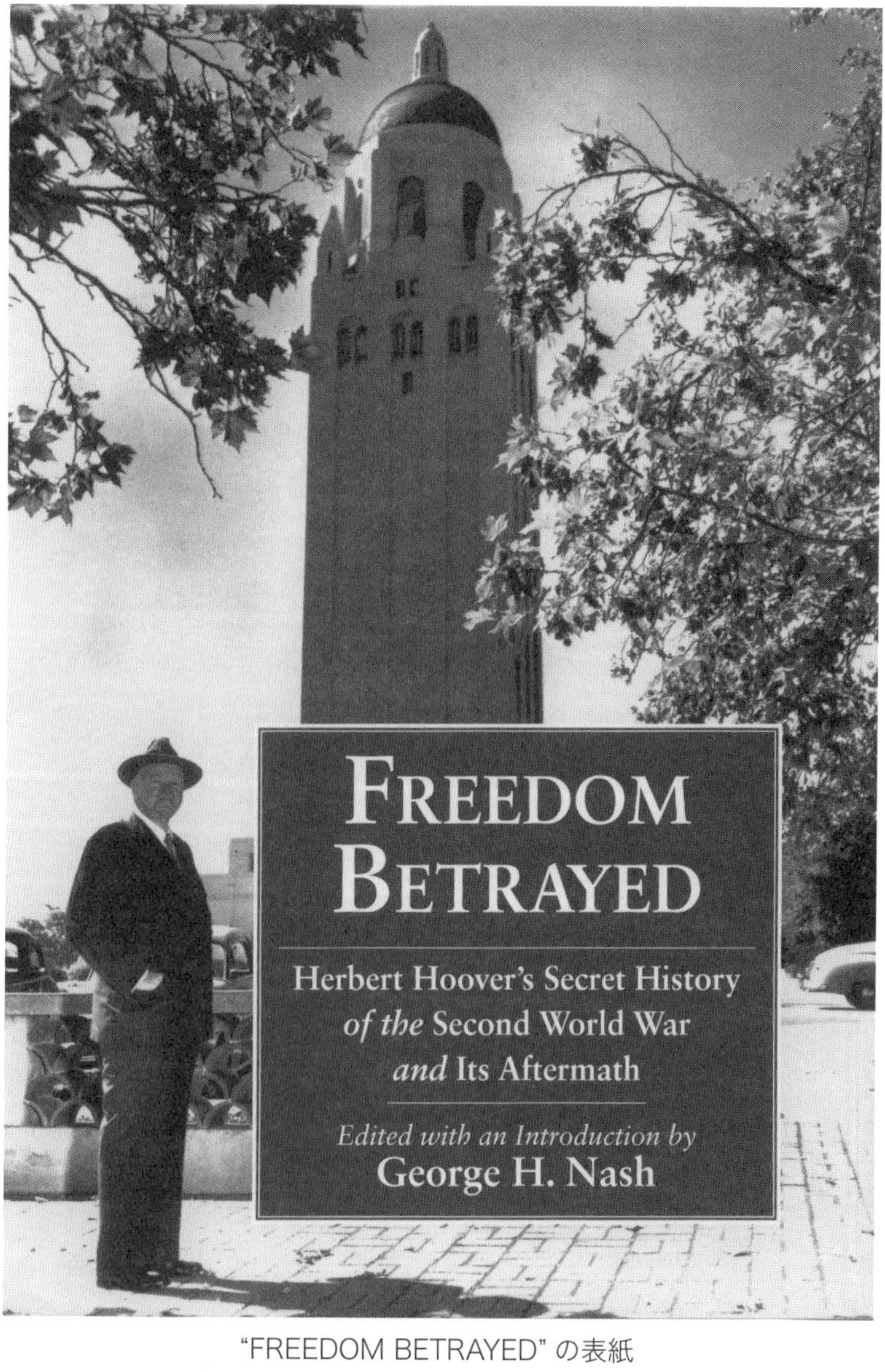

"FREEDOM BETRAYED" の表紙

Herbert Hoover's magnum opus—part memoir, part diplomatic history—raises questions that continue to be debated to this day

"What an amazing historical find! Historian George H. Nash, the dean of Herbert Hoover studies, has brought forth a very rare manuscript in *Freedom Betrayed*. Here is Hoover unplugged, delineating on everything from the 'lost statesmanship' of FDR to the Korean War. A truly invaluable work of presidential history. Highly recommended."

DOUGLAS BRINKLEY

professor of history at Rice University and editor of The Reagan Diaries

"Nearly fifty years after his death, Herbert Hoover returns as the ultimate revisionist historian, prosecuting his heavily documented indictment of US foreign policy before, during, and after the Second World War. Brilliantly edited by George Nash, *Freedom Betrayed* is as passionate as it is provocative. Many no doubt will dispute Hoover's strategic vision. But few can dispute the historical significance of this unique volume, published even as Americans of the twenty-first century debate their moral and military obligations."

RICHARD NORTON SMITH

presidential historian and author, former director of several presidential libraries, and current scholar in residence at George Mason University

---

HERBERT HOOVER (1874–1964)

President of the United States from 1929 to 1933 and an internationally acclaimed humanitarian, he was the author of more than thirty books and founder of the Hoover Institution on War, Revolution and Peace at Stanford University.

GEORGE H. NASH

A historian, lecturer, and authority on the life of Herbert Hoover, his publications include three volumes of a definitive, scholarly biography of Hoover and the monograph *Herbert Hoover and Stanford University*. A graduate of Amherst College and holder of a PhD in history from Harvard University, he received the Richard M. Weaver Prize for Scholarly Letters in 2008.

Hoover Institution Press
Stanford University
Stanford, California 94305-6010
www.hooverpress.org

ISBN 978-0-8179-1234-5
54995>
9 780817 912345
History/Military/World War II

"FREEDOM BETRAYED" に付された推薦文

Nearly seventy years ago, during World War II, Herbert Hoover began to scribble the first words of what was later to be called his "magnum opus." He did so in the shadow of three great disappointments: his inability to win the Republican presidential nomination in 1940; his failed crusade to keep the United States out of World War II; and his frustrated bid to become the Great Humanitarian in Europe for a second time. For twenty more years Hoover labored over his manuscript, even as his career continued to be extraordinarily rich in achievement and honors. At the end only one final accomplishment eluded him: publication of his magnum opus, *Freedom Betrayed*. Following Hoover's death in 1964, his heirs decided to place his manuscript in storage, where for nearly half a century it has remained unread—until now.

In this book, perhaps the most ambitious and systematic work of World War II revisionism ever attempted, Hoover offers his frank evaluation of President Roosevelt's foreign policies before Pearl Harbor and during the war, as well as an examination of the war's consequences, including the expansion of the Soviet empire at war's end and the eruption of the Cold War against the Communists. Throughout the work, Hoover raises critical questions, many of which are still under scrutiny today: Did Franklin Roosevelt deceitfully maneuver the United States into an undeclared and unconstitutional naval war with Germany in 1941? Did he unnecessarily appease Joseph Stalin at the pivotal Tehran conference in 1943? Was Roosevelt's wartime policy of "unconditional surrender" a blunder? Did Communist agents and sympathizers in the White House, Department of State, and Department of the Treasury play a malign role in some of America's wartime decisions?

Continued on back flap

On these and other controversies *Freedom Betrayed: Herbert Hoover's Secret History of the Second World War and Its Aftermath* takes its stand. Hoover's work reflects the foreign policy thinking not just of himself but of many American opinion makers during his lifetime and beyond. As such, it is a document with which we should be acquainted today. The intrinsic interest of Hoover's book remains strong, in part because it insistently raises issues—in some cases moral issues—about decisions with whose consequences we still live.

Cover Image: Associated Press
Cover Design: Jennifer Navarrette

"FREEDOM BETRAYED" カバー両そで折返しの内容説明

フーバーが明かす衝撃の真実

"FREEDOM BETRAYED"より引用

（1941年7月の経済制裁は）日本に対する宣戦布告なき戦争であった。

That was undeclared war upon Japan ...(p. 846)

アメリカを戦争へ誘導していったのは他ならぬルーズベルト（大統領）その人であった。それは、これまで明らかにされた冷静な歴史の光に照らしながら、1938年から1941年の期間を客観的に観察すれば、自ずと明らかである。

Any objective view of the years from 1938 to 1941, with the cold light of history even so far exposed, will demonstrate clearly that it was Mr. Roosevelt who got the United States into the war. (p.857)

「日本との戦争の全ては、戦争に入りたいという狂人（ルーズベルト）の欲望であった」と私（フーバー）がいうとマッカーサーは同意した。

I said that the whole Japanese war was a madman's desire to get into war. He (MacArthur) agreed. (p.833)

私（フーバー）は更に続けて次のように言った。「1941年7月の（日本への）経済制裁は、単に挑発的であったばかりではない。それは、例え自殺行為であると分っていても、日本に戦争を余儀なくさせるものであった。なぜなら、この経済制裁は、殺人と破壊を除く、あらゆる戦争の悲惨さを（日本に）強制するものであり、誇りのある国ならとても忍耐できるものではないからだ」。この私の発言にもマッカーサーは同意した。

And also agreed that the financial sanctions in July 1941 were not only provocative but that Japan was bound to fight even if it were suicide unless they could be removed, as the sanctions carried every penalty of war except killing and destruction, and no nation of dignity would take them long.(p.833-834)

（1941年9月の）近衛の和平提案は、駐日アメリカ大使もイギリス大使も祈るような気持ちで実現を期待していた（にも関わらずルーズベルトは拒否した）。

Acceptance of these proposals was prayerfully urged by both the American and British ambassadors in Japan.(p.879)

日本は繰り返し、和平を求める意向を、示していた。（それにも関らず行った）原爆投下は、アメリカの歴史において、未曾有の残虐行為だった。これはアメリカ人の良心を永遠に責め苛むものである。

Not only had Japan repeatedly suing for peace but it was the act of unparalleled brutality in all American history. It will forever weigh heavily on American conscience. (p.882)

はしがき

本書は、第三一代アメリカ合衆国大統領（1929-1933）であるハーバート・フーバー（Herbert Hoover：1874-1964）の大著『裏切られた自由』（"FREEDOM BETRAYED"）のエッセンスを日本の読者に伝えようとするものである。『裏切られた自由』は日本語に訳されておらず、また九〇〇頁を越える大著である。一般の日本人には近づきにくい。

しかし本書は、日本人の歴史観に大きな衝撃を与えるものであり、第二次大戦についいて論ずる全ての人の必読の書である。そこで、この様な形式の本で、フーバーの大著のエッセンスを紹介しようとするものである。

フーバーはこの大著で、次のような主張をきわめて実証的に展開している。

①日米戦争は、時のアメリカ大統領フランクリン・ルーズベルトが、日本に向けて仕掛けたものであり、日本の侵略が原因ではない。

②一九四一（昭和一六）年の日米交渉では、ルーズベルトは日本側の妥協を受け入れる意図は、初めから全くなかった。日本側の誠実な和平への努力は実らなかった。

③アメリカは一九四五（昭和二〇）年に、原爆を投下せずに日本を降伏させることが出来た。原爆投下の罪は、重くアメリカ国民の上にのしかかっている。

何と驚くべき歴史の真相ではないだろうか。

フーバーは、東京裁判史観を真向から全面否定しているのである。日本人にとって、必読の書である理由が、ここに存在する。

本書ではまずこの本の企画者である加瀬英明先生に、ハーバート・フーバー論を執筆して頂いた。次に第一章、第二章、第三章では、稲村、茂木、藤井の三人の鼎談で、フーバーの大著の重要部分を紹介した。

後半には稲村、茂木、藤井の三人の、このテーマに関連した論文が収録されている。

本書によって、東京裁判史観の偽善と虚妄と害毒に、一人でも多くの日本人が目覚めることを期待したい。

またフーバーのこの大著が、一日も早く翻訳され、日本で出版されることを祈りたい。

本書は加瀬英明先生の企画により日の目を見ることができた。勉誠出版の皆さんの、ひとかたならぬお世話によって本書は実現した、ここに深く感謝の意を記するものである。

三人の執筆者を代表して、真珠湾攻撃から七四年目の日に

平成二七年一二月八日

藤井厳喜　識

目次

フーバーが明かす衝撃の真実 006
はしがき 009
序 加瀬英明 013
鼎談“FREEDOM BETRAYED”をめぐって 藤井厳喜 稲村公望 茂木弘道
第一章 誰が戦争を仕掛けたのか 035
第二章 過ったアメリカの政策 069
第三章 戦争を引き起こした狂気 137

ウェデマイヤー将軍の回想──第二次大戦に勝者なし　藤井厳喜　167
いま明らかになった大東亜戦争の真相
──「FREEDOM BETRAYED」の衝撃　稲村公望　237
日米戦争は狂人の欲望から
──フーバー三一代大統領の証言　茂木弘道　267

序

加瀬英明

本書は、第二次大戦がどのような要因によって起ったのか、なぜ、アメリカは日本と戦わなければならなかったのか、二〇世紀の大きな悲劇に光を当てている。

ルーズベルト大統領の前任者であった、フーバー大統領の厖大な回想録（『フリーダム・ビトレイド』〈裏切られた自由〉が、二〇一一年にフーバー研究所によって刊行されると、世界にわたって大きな話題を呼んだ。本書はこの回想録を解明、分析したものである。

読者は本書によって、目を大きく見開かされることとなろう。

日本国民が正しい歴史観を学ぶために、本書がひろく読まれることを、期待したい。

第二次大戦は欧米の民主主義諸国や、日本を捲き込んで戦われたが、まったく不必要な戦争だった。

第二次大戦は悲劇だったというよりは、人類史における未曾有の惨劇だった。

日米戦争については、アメリカが仕掛けたものであって、アメリカに一方的な責任があった。

私たちはフーバー大統領の貴重な証言から、多くを学ぶことができる。

日本では、フーバー大統領はアメリカを研究する者を除いて、よく知られておらず、馴染《なじ》みが薄い。

アメリカの第三一代大統領となったハーバード・クラーク・フーバー（1874-1964）は、アメリカ史における稀にみる逸材だった。

フーバーは富裕な家に生まれた三二代大統領のフランクリン・D・ルーズベルトや、三五代大統領のジョン・F・ケネディと違って、幼年期に両親を失ってから、難艱克己したうえで、世界的な新規鉱脈開発の波に乗って、鉱山業で成功をおさめて、若くして億万長者となった。

フーバーはまさにアメリカ人が理想とする、きらめく〝アメリカン・ドリーム・ボーイ〟だった。

フーバーは第一次大戦にアメリカが参戦すると、ウィルソン大統領によって食糧機構長官に登用されて、戦時下の食糧統制行政を一任され、一九二一年に次のハーディング大統領の商務長官に登用された。

一九二三年に、ハーディング大統領が任期なかばに死ぬと、あとをついだクーリッジ大統領のもとで商務長官として留任し、両政権のもとで、アメリカの経済構造を大胆に改革するのに当たって、剛腕を振った。

一九二七年に、中部のミネソタ州を発してメキシコ湾にそそぐ、アメリカ最長の大河であるミシシッピ川が、かつてなかった長雨によって氾濫した。

アメリカ建国以来、最大の天災といわれたが、広大な地域が褐色の水に浸り、一五〇万人の住民が住居を失った。

フーバーは商務長官として、救援と復興の指揮をとったが、一五〇ヶ所以上に大規模なテント市《シティ》を設立して、全国から巨額の義捐金を募るなど、超人的だと称賛された手腕を発揮した。

フーバーはアメリカ国民のあいだで、大統領としてふさわしいという期待がたかまった。

フーバーは「今日のアメリカで、もっとも有能な逸材」として称えられた。ロスアンジェルス・タイムズ紙が、「ジョージ・ワシントンは偉大な大統領として記憶されているが、ハーバート・フーバーの実績と経験を欠いていた」と、論評した。

フーバーは商務長官で五四歳だったが、全米的な人気を駆って、一九二八年の大統領選挙に共和党候補として、地滑り的な勝利を獲得することによって、ホワイトハウスの金的を射とめた。

フーバーは自分の異常な人気に、当惑した。当選直後に、「私は人々が、私の力をおそろしいほどまでに誇張していることを、恐れている。まるで、私がスーパーマンであるように思っている」と、クリスチャン・サイエンス・モニター紙に語った。

翌年三月に、フーバー政権が発足した。新大統領は眩《まぶ》しいようなカリスマに、包まれていた。

アメリカの経済界は、フーバー政権が登場したことによって、未曾有の繁栄がもたらされるものとして歓迎した。ウォール街の証券取引所の株価が、急騰した。

ニューヨーク・タイムズ紙は「アメリカはまさに魔法《マジック》の時代に生きている」と述べた。ジェネラル・エレクトリック社の株価が、一年前の三倍にまで暴騰した。

ところが、フーバー新大統領にとって、不運なことに、この年に世界大恐慌が始まった。

フーバーは、大不況によって振り回されて、有効な対策を打ち出すことができなかった。

フーバーは一九三二年の大統領選挙で、再選をはかったが、アメリカ国民が深刻な経済不況によって喘ぐなかで、民主党のルーズベルト候補に対して、四〇州以上で敗れるという歴史的な惨敗を喫した。

フーバーを破ったルーズベルトは、今日でもアメリカで不世出の偉大な大統領であり、近代アメリカの巨人だったとして、敬われている。

そのかたわらで、フーバーは逸材であったものの、大恐慌と同義語となって、今日に至っている。

フーバーは世界が、経済大不況によって見舞われるまでは、卓越した企業家であり、稀にみる有能な行政官として、みなされていた。それだけではなく、四〇代なかばで、鋭い洞察力に充ちた歴史家として、高い評価を受けるようになっていた。

フーバーは、一九一四年にヨーロッパで第一次世界大戦が勃発すると、実業家としてロンドンにあった。フーバーは人道主義な動機から、ドイツ軍の占領下にあったベルギーと北フランスで深刻な食糧不足に陥った人々に、援助の手を差し伸べた。アメリカはまだ中立を保っていたが、交戦していたドイツ、イギリス両政府を説得して、アメリカ政府の協力をとりつけて、アメリカから食料を調達して、アメリカが参戦するまで四年にわたって、困窮民のもとに届けた。

フーバーは第一次大戦後に、『メモアーズ』（私の回想）を出版して、大戦の前後にわたる、近代史を鋭く分析した。

『エンサイクロペディア・ブリタニカ』（ブリタニカ大百科事典）によって、フーバーの人名項目をひくと、この本が「この著作は現代世界の歴史を解き明かすのに当たって、大きく貢献した《ヒズ・グレイト・コントリビューション・ツウ・ザ・ライティング・オブ・ザ・ヒストリー・オブ・ザ・モダン・ワールド》」といって、称えている。

『ブリタニカ大百科事典』といえば、収録されている項目について、それぞれの分野でもっとも権威あるといわれる専門家が執筆しているが、フーバーは秀逸な歴史研究家《ヒストリアン》として描かれている。

学究として歴史の真実を追求することが、フーバーのもう一つの情熱だった。

フーバーは第一次大戦後に、それまで自分で蒐集してきた厖大な歴史資料を、母校のスタンフォード大学に寄贈して、『戦争《ウォア》ライブラリー』として創設された。後に『フーバー「戦争・革命・平和」ライブラリー』と改名されたが、第二次大戦後に、今日、アメリカの著名なシンクタンクの一つである『フーバー戦争・革命・平和研究所』（略称「フーバー研究所」）となった。

人が歴史をつくるのか、その時々の状況が人をつくるのか。そのどちらも当たっていよう。

あるいは、「歴史は存在しない。人の伝記だけだ」という、史家の警句もある。歴史は歴史をつくる人の伝記にしかすぎない、というのだ。

フーバーによれば、三年八ヶ月にわたった不毛な日米戦争は、「ルーズベルト（大統領）という、たった一人の狂人《マッドマン》が引き起した」と、糾弾している。

本書は、なぜ、ルーズベルト大統領がアメリカを戦争に引きずり込んだのか、どうしてそのようなことを行うことができたのか、詳しく説明している。

日本はペリー艦隊が一八五三年に浦賀沖に来航して以来、アメリカの国益を一度として損ねたことがなかったのにもかかわらず、ルーズベルト政権によって戦争を強いられたのだった。

フーバーは、ルーズベルト大統領が容共主義者であり、ルーズベルト政権の中枢が共産主義者によって、浸透されていることを承知していた。

フーバーはスターリンの独裁下にあったソ連の脅威に対して、警鐘を鳴らし続けた。

一九四〇年に、ルーズベルトが三選目をはかって出馬したが、フーバーはフィラデルフィアで催された共和党全国大会において講演して、ルーズベルト政権がスターリンと結ぼうとしていることについて、警告した。ニューヨーク・タイムズ紙をはじめとする各紙が、フーバーが大統領選挙に出馬して、返り咲こうとしていると報じた。

フーバーは一九四一年六月、アメリカが第二次大戦に参戦した半年前に、ルーズベルト政権が第二次大戦に参戦しようと企てていることに強く反対して、ラジオ放送を通じてつぎのように訴えた。

「もし、われわれが参戦することがあったら、スターリンが勝利を収めることに手を貸して、われわれの犠牲において、スターリンがヨーロッパの大きな部分を呑み込んで、支配下に収めることとなろう。そうなれば、大きな悲劇がもたらされることとなる」

アメリカは、日本に理不尽な経済制裁を加えて、追い詰めることによって、この年一二月に日本に第一発目を撃たせて、第二次大戦に参戦した。その結果、スターリンのソ連が東ヨーロッパを支配下に取り込み、東西陣営間の冷戦がもたらされた。フーバーの警告が、適中したのだった。

フーバーは前大統領であったのにもかかわらず、一九三三年のルーズベルトの大統領就任式典に前任者として参列した他に、ルーズベルト大統領から無視されたために、一度も会うことがなかった。

しかし、一九四四年にルーズベルトが四選目の選挙に臨んだ時に、ミズーリ州選出のハリー・S・トルーマン上院議員を、副大統領候補として選んだが、フーバーはトルーマンと以前から親しくしていた。

ルーズベルトは、トルーマンを軽蔑しきっていた。しかし、中部諸州の票が欲しかったために、副大統領候補として組んだのだった。

そのために、一九四〇年の大統領就任式典で、トルーマンと顔を合わせた以後は、トルーマンが副大統領であったにもかかわらず、一九四五年四月に急死するまで、一度も会おうとしなかった。

フーバーは、トルーマンが大統領に就任すると、五月にドイツが連合国に降伏した後に、日本とできるだけ速やかに講和をはかるように、進言した。

フーバーは、「日本はアメリカと同じ価値観を共有する国である」といって、「日本が戦後、朝鮮半島と台湾を領有し続けることを、認めるべきだ」とすすめ、また、「中国大陸からの日本軍の撤退は、できるだけ時間をかけて、ゆっくり行うべきである」と、提言した。

しかし、アメリカの世論が日本に対する憎悪に湧き立っていたことと、軍部が強く反対したために、フーバーの提言は受け入れられなかった。

フーバーは炯眼《けいがん》の人だといわねばならない。歴史は一人の人によってつくられることがあるが、一人の人が歴史を正すことができることも、教えている。

当時、フーバーはアメリカで政治的な影響力を、いっさい失っていたが、一級の政治家《ステーツマン》だった。

もし、トルーマン大統領がフーバーのアジアの安定を見通した提言を受け入れて、一九四五年七月以前に日本と講和を実現していたとすれば、その後、中国大陸が共産化することも、朝鮮半島が分断されて、朝鮮戦争が起ることもなかった。そして、ソ連が対日戦争に参加することもなかった。

その後のアジアの状況が、まったく変わっていたことだろう。

フーバーは第二次大戦の最後の月の八月に、広島に原爆が投下されると、憤った。

フーバーは『フーバー回顧録』のなかで、広島への原爆投下を、激しく非難している。

「一九四五（昭和二〇）年七月のポツダム会議の前から、日本政府は繰り返し和平を求めている意向を、示していた。ポツダム会議はこのような日本の動きを受けて、開催された」

ポツダム会議は、一九四五年七月にベルリン近郊のポツダムで、アメリカのトルーマン大統領、イギリスのチャーチル首相、ソ連のスターリン首相の三首脳が集って、催された。この席上で、それまで連合国が日本に対して無条件降伏を要求していたのを取り下げて、条件付き降伏に改めることが決められた。

ポツダム宣言を読むと、「われらの条件は左のごとし」と述べて、条件付降伏を求めていることを、明らかにしている。宣言は日本国軍隊の無条件降伏のみを、要求している。

『フーバー回想録』から引用を、続けよう。

「ヤルタ会議が一九四五年二月に催されたが、その一ヶ月後に日本の重光葵外相が、東京駐在のスウェーデン公使と会って、本国政府に和平の仲介を求めるように、要請した。

ここから進展はなかったが、日本が和平を求めている決意を、はっきりと示したものだった」

ヤルタ会議はルーズベルト大統領、チャーチル首相、スターリン首相が会して、催された。

「七月二六日に、ポツダム会議が日本に対して最後通告を発するまで、日本は六ヶ月にわたって、和平について打診していた。
日本は原爆投下の二週間前に、ソ連に対して和平の明らかな意向をもっていることを、知らせていたが、トルーマンも、バーンズ、スティムソンも、日本の外交電文を傍受解読して、承知していた」

バーンズは当時の国務長官、スティムソンは陸軍長官である。

「トルーマン大統領が人道に反して、日本に対して、原爆を投下するように命じたことは、アメリカの政治家の質を、疑わせるものである。
日本は繰り返し、和平を求める意向を、示していた。
これは、アメリカの歴史において、未曾有の残虐行為だった。アメリカ国民の良心を、永遠に責むものである」

私はアメリカの研究者である。歴史を振り返ってみると、時折《ときおり》、不思議な力が働くものである。

もし、ルーズベルトが大統領として当選した直後に、煉瓦工の青年がルーズベルトの暗殺をはかって、放った銃弾が当たっていたとしたら、日米戦争は起らなかった。

ルーズベルト大統領は、一九三二（昭和七）年の大統領選挙によって、選出された。現在は大統領就任式が大統領選挙の翌年一月に挙行されるが、当時は、翌年三月に行われていた。

ルーズベルトは一九三三年二月一五日に、大統領当選者として休暇を過すために、フロリダ州マイアミを訪れていた。この日の夕方に、マイアミ市のベイフロント公園で、ルーズベルト次期大統領の歓迎会が催された。

公園の野外劇場に、七〇〇〇人あまりの市民が、ひと目、新大統領を見ようと詰めかけた。

この時、シカゴからアントン・セルマク・シカゴ市長がルーズベルトに会うために、会場にやって来て、ルーズベルトの隣に立っていた。

ルーズベルトが短い演説を終えて、マイアミ市長にマイクを渡そうとした時に、五発の銃声が響いた。

煉瓦工で、無政府主義者のジュゼーネ・ザンガラが、一〇メートルあまり離れたところから、三二口径拳銃によって、ルーズベルトを狙ったものだった。ところが、銃弾は奇跡的に、ルーズベルトに当たらず、隣にいたセルマク市長の胸を貫いた。

セルマクは苦しい息もとから、ルーズベルトに「大統領閣下《ミスター・プレジデント》、あなたでなくて、私でよかった」といった。セルマクはすぐに病院に搬送されたが、死んだ。

もし、ザンガラの銃弾がルーズベルトに命中して、ルーズベルトが死んでいたとすれば、三月に副大統領当選者のジョン・ナンス・ガーナーが、第三二代大統領として就任していた。

ガーナーはアメリカが海外の戦争に捲き込まれてはならない、という信念に凝り固まった、中立主義者だった。

もし、ルーズベルトが暗殺されて、ガーナーが大統領となっていたとしたら、日米戦争は起らなかったはずである。

ここで、フーバーの生い立ちから、鉱業技師として働いて、若くして巨万の富を手にするまでの軌跡を追いたい。

フーバーの父親は、アメリカ中部のアイオワ州の寒村のブランチで、鍛冶屋と自分がつくった農機具を販売していたが、フーバーが六歳の時に病死した。母親は小学校教員だったが、夫のあとを追うように、二年後に死んでしまった。

フーバー少年は一一歳で、太平洋岸のオレゴン州の田舎町ニューバーグの開業医だった、叔父によって、引きとられることになった。

ひとり、二枚の一〇セント硬貨と、食物が入ったバスケットを持って、ユニオンパシフィック鉄道に乗って、西へ西へ七日間揺られて、グレートプレーンズ大平原とロッキー山脈を渡って、最後に川蒸気船に乗り換えて、ようやくニューバーグに着いた。

叔父はフーバー少年を、冷酷に扱った。安息日の日曜日を除いて、毎日、山林で木を伐《き》るなど、重労働を強いられた。もっとも、フーバーは後に、叔父は「厳しかったが、芯はやさしい人だった」と、述懐している。

そのような逆境によく耐えて、学校に通い、勉学に打ち込んだ。

一八九一年に高校を終えると、鉱業技師を志して、カリフォルニア州で開学したばかりだった、スタンフォード大学の鉱業学部に入学して、地質学を専攻した。タイプ代用、新聞配達や、小さな洗濯屋を営むなど精をだして、学費を稼ぎだした。夏休みには、州政府による地質調査に加わった。

一八九五年に鉱業学部を卒業すると、カリフォルニア州の鉱山で二年間働いたのちに、ロンドンの有力な鉱業会社に雇われた。この会社で才覚を発揮して、たちまちのうちに頭角を現わした。

フーバー青年は主任技師として、オーストラリア、中国で鉱山開発に当たった。一九〇〇年に、天津に新妻のルイーズを伴って滞在中に、義和団の乱に見舞われた。天津の国際租界が一ヶ月近く義和団によって包囲され、フーバーの住居に五発も着弾した。

フーバーはバリケードを指揮し、ルイーズも三八口径のマウザー拳銃をとって戦った。二八日後に、日本を含む連合軍によって、救われた。

フーバーは会社の共同経営者となって、中国、ビルマ（現ミャンマー）、日本統治下の朝鮮、オーストラリア、ニュージーランド、南アフリカ、カナダなどを、巡った。そのころに、アメリカのジャーナリズムによって、「アメリカで最高の給料をとっている男」として、もて囃された。

一九〇八年に持株を売って独立し、それを資本として、自分の鉱業コンサルティング会社を創立したが、資金が潤沢だったから、ロンドンに本社を置いて、同時にニューヨーク、サンフランシスコ、パリ、ロシアのペテロブルグ、ビルマのマンダレーに、支社を設けた。会社は急成長を遂げた。

フーバーは鉱業会社時代に、日本統治下の朝鮮に探鉱のために滞在したことがあるが、日本を訪れなかったのは、残念である。

しかし、フーバーはそのためか、人種差別主義者だった。

フーバーは先の著書『メモアーズ』のなかで、中国、オーストラリアの鉱山で働いた体験から、「アジア人種《アジアティクス》と黒人《ネグロ》は、知能がきわめて低い。シャベルを使って掘るといった、ごく単純な仕事をさせると、白人一人が有色人種二人か、三人分の能力を持っている」と述べている。

また、中国に長く逗留したが、中国人について「無能、不正直で、全員が詐欺師《スウィンドラー》だ」「役人は全員が腐敗しきっている」と、観察している。

フーバーは一九二三年に、連邦議会が排日移民法を審議した時に、日本人は

「生物学的《バイオロジカル》、文化的《カルチュラル》な生い立ちが異なっており、東洋《オリエンタル》と西洋《コーカジャン》の血が混じることがあってはならない」といって、支持した。翌年、排日条項を含む移民法が、成立した。

もっとも、フーバーだけではなく、当時のアメリカの白人のほとんど全員が、白人の優位を信じていた。その点では、ルーズベルト大統領も、トルーマン大統領も、マッカーサー元帥も、同じことだった。

それにもかかわらず、フーバーはアメリカにおけるユダヤ人差別に反対し、黒人の生活向上につとめた。

フーバーは、人道主義者だった。一九二一年に商務長官在任中に、ロシアが共産革命によって混乱に陥って、飢饉が発生し、大戦に敗れたドイツ国民が、食糧不足に喘ぐようになると、上院の共和党の有力な議員たちから、ソ連に食糧援助を提供することに対して、強い反対があったが、ソ連とドイツに食糧支援を実施した。

この時、フーバーはソ連において「二〇〇〇万人の人間が、餓死に瀕している。政治体制がどうなのか、問うべきではない」と、反駁《はんばく》した。

このために、ニューヨーク・タイムズ紙によって、この年の「もっとも重要な現存する一〇人のアメリカ人」の一人に、選ばれた。
フーバーは独立独行の人として、自分の力で人生を切り拓いたから、何よりも個人の自由を尊んだ。
一九二二年に発表した、次著『アメリカン・インディビジュアリズム』（アメリカの個人主義）のなかで、つぎのように説いている。

「アメリカの個人主義は、この国が一人ひとりの個人による努力の成果のうえに築かれたことから、万人が知性、人格、能力、志《こころざし》にもとづいて、夢を実現することができる、平等の機会を保障されているという、他国においてみられない、理想のうえに立っている。この自由は何をおいても、護らなければならない」

日本では個人主義は、利己主義と誤まって混同されやすいが、一人ひとりが他の者が持っていない、独自の力を発揮して、社会に貢献することによって、社会の向上をはかることである。

フーバーは、不動の信念の持ち主であり、個人の自由の信奉者であったから、専制をもたらす社会主義に反対した。

本書が取り上げている『フーバー回想録』の原本は、九五七頁にのぼる大著である。

『フーバー回想録』は、読む者に近代史を見直すことを促している。二一世紀における きわめて貴重な文献であり、近代史に関心を持つ者にとって、必読の書となっている。

藤井厳喜氏、稲村公望氏、茂木弘道氏は、近代史と、国際政治に通暁している論客として知られている。

三氏は『フーバー回想録』が刊行されてから、この大著を精読したうえで、それぞれ刮目すべき論文を、発表してきた。

それだけに、私は三氏によって『フーバー回想録』を取り上げて、行われた熱論を読んで、第二次大戦の前から、大戦後の世界の闇に光を当てるものとなっており、久し振りに知的な昂奮を味わった。

鼎談“FREEDOM BETRAYED”をめぐって

第一章

藤井厳喜　稲村公望　茂木弘道

誰が戦争を仕掛けたのか

"FREEDOM BETRAYED"とはどういう本か？

茂木　この本はメモワール（回顧録）のように思われているが、メモワールじゃない。五回以上の全面的な修正、加筆、資料の追加の末、二十数年かけて書いた本です。厖大な資料を収集して、それに基いて書かれた歴史論です。この本の第一章は「自由人に対して大きな知的、道徳的な災厄がやってきた」というタイトルで、本格的な共産主義批判です。日本に関する論も大事ですが、彼は共産主義に対してどういう認識を持っていたかという紹介がまず必要ですね。

稲村　この本を読まないで第二次大戦を語るのは、全く意味がなくなります。

茂木　だから、同調するか反発するかの前に、まず読まなきゃいけない。

稲村　フーバーは出版社にこの本の原稿を入れたあと、すぐ亡くなりました。

茂木　すぐ後ですよね。それが一九六四年。丁度私が大学を卒業した年です。それから四七年後になってようやくこの大著がアメリカで出版されたということですね。

稲村　私はアメリカ人にとっても大きな価値がある本だと思う。

茂木　四七年間出せなかったということはあったにしても、結局は出している。そこは

フーバー研究所

アメリカのいいところです。本書の中で日本についての記述はそれほど多くないのです。大きな部分は、ヨーロッパの第二次大戦論ですね。そこでいかにルーズベルトがスターリンに東ヨーロッパ、バルト三国を与えてしまったかということをケースごとに克明に書いている。立派な歴史研究の書なんです。彼は二十数年間かけて、膨大な資料を集めてこの本を書いたわけですね。「フーバー研究所[1]」がありますが、フーバーが歴史書を作る過程で集めた膨大な資料を収める資料室、これが発展して今の研究所になっています。それほど彼は研究家なんです。思いついた持論を書くんじゃなくて。この本は学術的な書なんですね。

早く、戦争を始めたかったルーズベルト

稲村　対日占領をいつごろからアメリカは考えていたのか。

(1) **フーバー研究所**　正式には、フーバー戦争・革命・平和研究所（Hoover Institution on War, Revolution and Peace）。スタンフォード大学内にある、公共政策を研究するシンク・タンク。一九一九年、スタンフォード大学初代卒業生であったフーバーが設立した。フーバーや、第一次世界大戦、第二次世界大戦の資料を大量に保管。

やっぱりかなり早くから世界的に調査をはじめて、資料を収集していたようですね。

茂木　いわゆるオレンジプラン(2)についてこのことを書いている人がいました。オレンジプランというのは、セオドア・ルーズベルトが最初に作ったんです。日露戦争の時、日本の勝利に脅威を感じたんですね。だからこれを作った。でも、強国にどう対処するかを考えておくのは当たり前ですね。オレンジだけじゃなくてレッドもパープルもブラックもあるんです。レッドプランというのは対イギリス。アメリカだって、イギリスがある時期はやっぱり最大の敵です。オレンジプランをある時期はかなり力を入れて作っていた。ところがある時、日本と戦争をやるなんてばかばかしい、ということでほとんど眠っちゃう。眠ってるのを起こしたのがフランクリン・ルーズベルトなん

セオドア・ルーズベルト

(2) オレンジプラン
第一次大戦と第二次大戦の戦間期（一九二〇年代から一九三〇年代）に立案された、大日本帝国との予想される戦争へ対処するためのアメリカ海軍の戦争計画。当時アメリカは交戦可能性のある全ての国を網羅して、色分けして計画を立案していた（カラープラン）。セオドア・ルーズベルト政権が立案を指示していた。

ですよ。オレンジプランを詳細なプランにして、そのとおりの作戦で大戦を戦ってるんです。そういう時代にあっても、アメリカの海軍ではオレンジプランにあまり賛成しない幹部が多かった。アメリカ海軍艦隊司令長官で太平洋艦隊司令長官も兼ねていたリチャードソン海軍大将は、一九四〇年、日本と戦争すべきじゃないからオレンジプランは廃止すべきだと主張した。そしたらルーズベルトは直ちに彼を解任し、少将に降格するんです。F・ルーズベルトが断固として日本と戦争しようとしていた証拠です。

藤井　大将を少将に降格するとは、異例の人事ですものね。

茂木　それがルーズベルトなんです。リチャードソン大将は、アメリカ海軍の超エリート。この人が日本との戦争なんか利益がないと言っている。即解任、降格ですよ。ルーズベルトはやる気満々。CIAの前身のOSSが対日占領プランを作るのが一九四〇～四二年です。単純に日本を敵視してとかじゃないんです。ルーズベルトは、人種差別主義者で、スミソニアン研究所の文化人類学者アールス・ヒルデリカをホワイトハウスに招いて「日本人全員を、温和な南太平洋の原住民と強制的に交配させて、やる気が無い、無害な民族につくり替える計画をたてたい」と研究を命じたそうです。しかも一九三九年、四〇年に近いころに、改訂されたオレンジプランでは、その目的がこう書かれている。「アメリカは〝白色人種〟の利益を代表し、英仏蘭と連合し〝黄色人種〟の日本とたたかう」と。

藤井　人種戦争は日本人が意識する以上に、向こうが意識したということですね。

茂木　そうです。公文書になっているんですから。アメリカ民衆の知らないところでこんな計画を立てていたのがルーズベルトの正体です。

東京裁判史観のマインドコントロール

藤井　茂木さんは論文で、(3) 日本人の考え方が今までいかにマインドコントロールされてきたか、いかに事実と食い違う自己卑下のイデオロギーを注入されてきたかということを指摘しています。開戦に関して、「一、日本は半封建的で絶対君主天皇がいたから戦争を起こした？　本当は民主主義国であるはずのアメリカが戦争を起こしたんですよ」「二、日本は軍部が政治を支配したから戦争を起こした？　文民統制だったはずのアメリカが日本との戦争を起こしたんですよ」「三、日本は言論の自由がなく、軍国主義に反対する意見が弾圧されていたから戦争になった？　アメリカはかなり言論の自由はあっ

(3) 本書所収「日米戦争は狂人の欲望から」

パールハーバー

たはずだが、そのアメリカが戦争を起こしたんですよ」「四、日本は偏狭な民族主義、日本優越主義を信じていたために戦争を起こした？　多民族国家のアメリカが日本との戦争を起こしたんですよ」「五、日本は国家神道というファナティックな信仰を国民に強要していたから戦争を起こした？　キリスト教国で信仰の自由を主張しているアメリカが、実は日本との戦争を起こしたんですよ」と五点を指摘している。非常によくまとまっている。いかにわれわれが東京裁判史観、戦勝国史観で毒されているかを、根本的に考え直さないといけない。

稲村　戦後七〇年の重要なタイミングだと思うんです。領土問題などではやっぱりスターリンの問題を徹底的に批判しないといけない。

藤井　今の北方領土問題の原因ということですね、フーバーの本の重大性がここにある。

稲村　フーバー大統領は、パールハーバーの前に既にアメリカが戦争を始めたと書いてます。もう一つ言うと、戦争が終わってから東京だけじゃなくフィリピンや満州などで軍事裁判をやった。そのあとの整理が日本はできていない。だれが殺されたかもよくわからない。軍事裁判でアメリカの弁護人がついたんですが、その弁護士にデタラメな人物がいたと、フーバーは指摘している。

茂木　フーバーは原爆投下についても、アメリカの犯した過ちとして反省し、投下したトルーマンを批判している。

藤井　アメリカが永遠に担う十字架になったとはっきり書いていますね。

ハリー・トルーマン

稲村　未だにアメリカ人は、「原爆を落とさなければアメリカの兵隊が多数死んだだろう」と言っていますけど、フーバーの記述では、マッカーサー将軍は「そんなことはあり得ない」と言っている。日本はもう抵抗する力もなかった。だからマッカーサーはコーンパイプに平服で乗り込んでこられたわけです。

東京裁判／写真・アフロ

茂木　日本原罪論（東京裁判史観）を払拭するには、フーバーのこの証言を出すのが一番説得力があるんですよね。元大統領が、堂々とした第二次大戦論のなかで書いているわけですからね。

稲村　東京裁判史観は、実はアメリカもあらためる必要があるんです。突然、勝者の論理を適用するというのは国際法上当てはまらない。東京裁判史観を撤回すべきだという意見はあるんです。アメリカの国防省を経験したハーバード大学の教員がいて、東京裁判の論理を適用すればするほど、今のアメリカの有力な軍人や政治家が戦争責任で絞首刑にならざるを得ないんじゃないか、と言っています。

茂木　ウェッブ裁判長[4]が、東京裁判は間違いであったというようなことをだいぶ書いてるんですね。

稲村　その論理を当てはめたら、自分たちの首を絞めることになる。

茂木　だから、現状はダブルスタンダードなんですよ。

藤井　ベトナム戦争のときに、ニュルンベルク裁判と東京裁判の論理でアメリカを裁くというのを左翼がやりました。具体的には、イギリスの哲学者バートランド・ラッセルなどが中心になり、ラッセル法廷というのをやったんですが、東京裁判の理屈でアメリカを裁いたら全部有罪だった。アメリカ人自身が、アメリカの正史を回復しなければいけない。そのためにフーバーのこの本は決定的に重大な役割を果たしていくでしょう。もちろん日本人も日本の正史を回復しな

（4）**ウェッブ裁判長**
ウィリアム・ウェッブ（Hon. Sir William Flood Webb KBE、1887-1972）。オーストラリアの裁判官、極東国際軍事裁判（東京裁判）裁判長。

ベトナム戦争

ければいけない。

ヤルタの密約

藤井　アメリカではレビジョニスト（歴史修正主義者）は批判の言葉ですが、「フーバー大統領はこう言ってますけど、彼はレビジョニスト（歴史修正主義者）ですか」と言ったら、そう批判する人はちょっとうろたえるんじゃないかと思います（笑）。レビジョニストというのは元々マルクス主義用語なんです。マルクス主義には絶対の真理がある、とマルクス主義者は信じている。だからレビジョニストというのは最悪の犯罪なんです。絶対真理を修正する事は許されないからです。でもわれわれは常に歴史を実証的に見直さないといけない。西洋のキリスト教社会には宗教裁判や異端審問という恐ろしい伝統があります。レビジョニストという言葉をさか上ると、こういう「正統と異端」の確執という、おどろおどろしい一神教の伝統にまで行き着きます。

茂木　歴史研究には新しい発見もあるんだからね。レビジョニスト批判は、要するにキリスト教の正統派が異端に対して行う断罪、批判と同じですね。論理じゃない。

藤井　ブッシュ・ジュニアが現役の大統領の二〇〇五年にいい演説をした。二期目に当選して、一番力があったころです。バルト三国の一つラトビアの首都リガに行って、ヤルタ協定(5)の批判をやった。ヤルタ体制は間違っていたとブッシュは明言しました。全体主義をやっつけて自由をもたらすためにナチズムはつぶした。だけどなんで東ヨーロッパまで解放しなかったんだ、バルト三国まで解放しなかったんだ、と。アメリカで言う「草の根保守(6)」の歴史観を非常によく代弁していました。ヨーロッパの東半分の解放が出来ぬまま、さらに五〇年たってしまったじゃないかと。その後アメリカは冷戦という形で、東欧をソ連の全体主義から解放する戦いを続

ブッシュ・ジュニア

(5) ヤルタ協定
一九四五年二月の米・英・ソの連合国首脳会談であるヤルタ会談で合意された協定。米・ルーズベルト、英・チャーチル、ソ・スターリンが参加。国際連合の設立とドイツの戦後処理、ソ連の対日参戦について合意した。大戦後の米ソ二大国による国際支配秩序（いわゆるヤルタ体制）の元となった。

(6) 草の根保守
保守の中で、ビッグ・ビジネスに支持された保守ではなく、一般市民の保守主義を指す。アメリカでは二〇〇九年から続く「ティーパーティー運動」などもその一例。

けなきゃいけなかったんだと主張しました。その批判がもう二、三歩進むと、なんでソ連が仲間だったのか、ソ連を大きくしたのはアメリカの間違いでしょう、というところに話はいくんです。日本の論壇ではだれもブッシュ演説に注目しなかったですが。

稲村　ヤルタ体制はクリミア、ウクライナの地位についても条項があったわけですし、日本の領土の問題にも、朝鮮半島の問題にも関係がある。ヤルタで日本を小さな列島に押さえ込むとはっきりさせたわけですから。ヤルタ体制をどうとらえるかは、北方領土をロシアとの間でちゃんと決着をつける材料としても重要です。

藤井　そう。北方領土問題を解決しようと思ったら、ヤルタの密約にさかのぼらないと駄目なんです。ロジックとしては、今の国境は暫定の国境だから、第二次大戦での最終国境を確定しましょう、それについてはヤルタまで見直しましょう、と言うべきです。アメリカにも見直してもらわないと、北方領土は日本に戻ってこない。

ルーズベルトは狂気の男だ！

稲村　やっぱりフーバーが政治家だなと思ったのは、第二次大戦が勃発してからは黙るんですね。日本の味方をするとか、そういうことまではしない。「戦争をやめろ」とは言わない。ただ感心したのは、日本が戦争に負けた後、直ちに日本に来て食糧の配給がちゃんと行われているかどうかを検証してるんです。

茂木 そのときのマッカーサー(7)との会談が、この本に出てきますね。

稲村 マッカーサーとは一九四六年の五月に三日間にわたって断続的に会っているんですが、「この戦争はだれがやったんだ」「あの狂気の男（ルーズベルト）だ」と二人は意気投合しているんですよね。

藤井 ソ連とナチスドイツを戦わせたらいいじゃないかというのは少数意見じゃない。ウェデマイヤー米陸軍大将(8)も同じ考え方でした。彼は、イギリスについても、イギリスの伝統的な外交政策をチャーチルは否定したから駄目なんだ、と指摘している。ヨーロッパ大陸を単一の勢力が制圧しないように大陸の中を戦わせる、バランスを保たせると

（7）マッカーサー（1880-1964） ダグラス・マッカーサー（Douglas MacArthur）。米国軍人。連合国軍最高司令官（SCAP）として、第二次大戦後の日本の統治を指揮した。

（8）ウェデマイヤー米陸軍大将（1897-1989） アルバート・コウディ・ウェデマイヤー（Albert Coady Wedemeyer）。米国軍人。第二次大戦中に連合軍東南アジア副司令官、中国戦線米軍総司令官兼蔣介石付参謀長を歴任、中国・ビルマ（今のミャンマー）の戦線で司令官として指揮を執った。終戦時に、中国大陸にいた三九〇万の日本軍将兵と在留邦人の早期内地送還に尽力した。

アルバート・ウェデマイヤー

いうのがイギリスの伝統的な外交政策なんです。ヒトラーとスターリンというライバルがいる。ナチズムは本来、共産主義と戦うことが使命です。それをやらせればよかったじゃないかと。その伝統的なイギリスの外交政策を逸脱したのがチャーチル。だから駄目だったということですね。

稲村　伝統的な「バランス・オブ・パワー（勢力均衡）」の外交政策ですね。

藤井　ソ連にエサをやって、大きな怪物にしたのはアメリカだと言っても過言ではない。フーバーには、それに対するアメリカの反省と、自己批判があると思うんです。例えば、ウェデマイヤーの回想録(9)にも全く同じ指摘があります。ウェデマイヤーで面白いのは、彼は、チャーチルがいかに戦争が下手だったかということを書いている。第二次大戦は、少なくともヨーロッパ戦線は、本来なら終戦の一年前

（9）ウェデマイヤー回想録　第二次大戦の回想録。日本の先制攻撃で米国を参戦へ導こうとしたルーズベルト大統領の画策など、当時の状況について記載されている。邦訳は『第二次大戦に勝者なし　上・下　ウェデマイヤー回想録』（妹尾作太男・訳、講談社学術文庫）。

の一九四四年に終わっていたはずだ、と。イタリアの戦争は一切いらなかった。ノルマンディ上陸作戦は一年前にできた。一直線にベルリンまで行けば全部終わりだった。ところがちっちゃな戦争をちょこちょこやるのがチャーチル。アフリカやイタリアのほうでちょこちょこやる。第一次大戦でもチャーチルは大失敗した。ガリポリ上陸作戦(10)とかね。

茂木　ナチスドイツは悪者ですけど、ポーランドに対する要求というのは、もともと筋は通ってるんです。だってもともとドイツ人が住んでいたところでしたから。それが何で戦争になったかというと、第一次大戦後の英米仏のゴリ押しの結果なわけです。そしてポーランドに要求を突っぱねろとイギリスが言う。でもフーバーの記述によると、アメリカがイギリスに圧力をかけてそうさせたという。それまで、ヒトラーはソ連への侵攻を考えていたわけです。ところがアメリカ、イギリスの後ろ盾を得て、ポーランドが譲らなくなった。そうなったらドイツはポーランドを攻めるしかない。今度はソ連とドイツが不可侵条約を結んで、ソ連が「ダンチ

---

(10) ガリポリ上陸作戦
第一次世界大戦中、英国を中心とする連合軍がドイツの同盟国であったオスマン帝国の首都イスタンブル占領を目指し、エーゲ海からダーダネルス海峡の西側のガリポリ半島（現トルコ領ゲリボル半島）に対して行った上陸作戦。連合軍はオスマン側の抵抗によって多大な損害を出して撤退、作戦は大失敗に終わった。作計画は当時、イギリス海軍大臣だったウィンストン・チャーチルが立案した。

ヒや西側はおまえにやる。でも東の半分はこっちにくれ」ということになった。そしてドイツはポーランドに侵入するわけでしょう。そしたらポーランドに対してイギリスとフランスが支援する約束があった、ということで宣戦布告になるんです。ナチスと共産主義の協調、ということで、世界中の共産主義者が大混乱に陥るんですけど、それでも共産主義は本家に弱いんですね。ほとんどの知識人は共産主義を捨てるんじゃなくてソ連を支援する立場になる。それで戦争が始まったのに、今度はそのソ連をイギリスが支援して、そのあとドイツがソ連に攻め入ったら、アメリカまでソ連の全面支援ということになった。

ノモンハン事件

藤井　ポーランドを攻めたのが悪いんだったら、ソ連だって悪いのに。

茂木　しかもソ連のポーランド侵入というのは、ノモンハン事件の休戦協定が結ばれた翌日なんですよ。

藤井　ノモンハンの問題を収束させて、ポーランドへ戦力を集中したわけですね。

フーバー大統領という人物

稲村　私は去年の一〇月にネバダ州に行ってフーバーダム(11)を見ました。フーバー大統領の名前をかぶせたアーチ式のダムで、コロラド川をせきとめた壮大なものです。ところがフーバーは、アメリカで評判のいい大統領ではない。

藤井　それは確かにそうです。大恐慌に対してなす術がなく無能だった、と誤解されている。

フーバーダム

稲村　なぜかというと、F・ルーズベルト(12)に選挙で負け、しかも米国議会に足場がある人物ではなかった。しかもアイオワの田舎の人です。西海岸のスタンフォード大学を出て、鉱山技師としてオーストラリアなどで働いて、中国にも

(11) フーバーダム　一九三一年に着工、一九三六年に完成。堤高二二一m、堤頂長三七九mの重力式アーチダム。ネバダ州ラスベガスの南東約三〇マイル、コロラド川の Black Canyon にあり、アリゾナ州とネバダ州の州境に位置する。名前は、第三一代大統領の Herbert Hoover にちなんだもの。

フランクリン・ルーズベルト
／写真・アフロ

行った。政治家としてはワシントンに足場がない。議員だったことがない。フーバーはアメリカの大平原の出身で、ミッドウェスト（中西部）の人です。中西部の人は、自分たちこそアメリカの本家というぐらいに思っていたかもしれないが、フーバー大統領という人はアメリカで評価されなかった。しかしフーバーが残した回想録的な歴史書は、全米の図書館にも入っています。アメリカでももう、過去の人になっていたけれど、ある日突然よみがえってきたという感じです。

藤井　そうですね。フーバーは中西部出身ですが、経歴から言うと西海岸の出身と言ってもいいと思うんです。初めての西海岸出身の大統領なんじゃないですか。またこの人は鉱山技師で、非常に実直な方だと思うんです。スタンフォードというのは、鉱山学が非常に重要です。カリフォルニアのゴールドラッシュ時代からの伝統ですね。スタンフォードで鉱山

---

(12) **フランクリン・デラノ・ルーズベルト（1882-1945）** 第三二代大統領（任期は1933-1945）。ニューヨーク出身。ハーヴァード大学とコロンビア大学で法律を学び、ニューヨーク州知事を務めた後、大統領選挙に民主党から立候補し、共和党のフーバーを破って大統領となった。未曾有の経済危機に

学を勉強されたというのは、変なイデオロギーに惑わされない実学の人だったんじゃないかなと思います。

フーバーの日本認識

茂木　フーバーの日本に対する認識自体は、間違っているところもあります。彼は鉱山技師のときに、朝鮮には行ってるんですが朝鮮に対しては正確な認識をしている。日本の統治下で近代化し、豊かになった、というフェアーな見方を書いています。引用してみましょう。

「朝鮮では盗賊や山賊がはびこっていた。日本の三〇年間の支配下で韓国人の生活は革命的な変化を遂げた。この最も見込みのない人的資源からスタートして、日本は秩序を確立し、港湾、鉄道、道路、通信施設、公共建物、大きく改善された住宅を建設した。彼らは衛生を確立、進んだ農業方法を教えた。……教育制度を確立。くすんで汚れた衣服は清潔で輝く色の衣服に変わった。」（七三七

瀕した世界恐慌に対し、政府が積極的に経済介入するニューディール政策を行い、国民の支持を得た。また、日本の真珠湾攻撃を機に日本に宣戦布告し第二次世界大戦に参戦、核兵器開発など戦争を指揮した。ヤルタ会談後の一九四五年四月一二日、第二次世界大戦の終結目前で脳卒中で死去する。

―八頁）

日本にも実際に来たら、日本に対する政策について、もっと提言をしてくれたんじゃないかな。それがもったいないなと思いますよ。

藤井　見方を変えれば、その程度の日本認識の人でも、ルーズベルト批判はここまで言えるんだということですね。

茂木　セオドア・ルーズベルトは日本に対して、モンロー主義(13)を勧めている。モンロー主義というのは、アメリカがヨーロッパに介入しないというのではなくて、南北アメリカはおれの勢力圏だから手を出すな、その代わり外には手を出さないから、というものです。それを勧めるということは、満州は日本の勢力圏だ、その代わり他のところには手を出すなよ、という意味なんです。だからあのころからアメリカは満州を狙っていたという見方は正しくない。満州まで自分の勢力圏だとは当時思ってなかったはずです。

藤井　モンロー主義というのは日本人が非常に誤解している。孤立主義とは違う。地域覇権主義なんです。「南北アメリカはおれが仕切る、ヨーロッパは入ってくるな、棲み

(13) モンロー主義
アメリカ第五代大統領ジェームズ・モンローが、一八二三年に議会で提唱したアメリカ大陸とヨーロッパ大陸の相互不干渉主義を指す。

分けましょう」という提案ですからね。
茂木　確かに地域の安定ということで言うと、大国が仕切らないとね。だから日本はアジアの安定勢力だと主張していた。
藤井　日本は秩序形成力になっていたアジアの唯一の国でしたからね。

準宣戦布告

藤井　フーバー回顧録では中国の問題、共産党政権の問題が大きく取り上げられています。ルーズベルト政権が日本をたたきつぶしたあと、中国国内は国共内戦になるんだけど、やっぱりルーズベルトは中国共産党に甘いんですよ。蔣介石(14)をもっと支援していれば揚子江辺りで共産党の侵攻を止められたはず。それをやらないで蔣介石に「共産党と妥協しろ」と言って武器援助をやらなくなっちゃう。マーシャル元帥(15)が中立外交を進めるんですよ。共産党と国民党、

(14) 蔣介石（1887-1975）　中華民国の政治家、軍人。初代中華民国総統。孫文の後継者として中華民国の統一を果たし最高指導者となる。第二大戦後の国共内戦で毛沢東率いる中国共産党に敗れ、中華民国政府は一九四九年に台湾に移る。

(15) マーシャル元帥（1880-1959）　ジョージ・キャトレット・マーシャル（George Catlett Marshall）。米国陸軍軍人、政治家。第二次大戦中、米国陸軍参謀総長。ナチスドイツへの侵攻作戦を指導した。国務長官に就任後はヨーロッパ復興計画「マーシャル・プラン」を計画、その実行により一九五三年にノーベル平和賞を受賞した。

蔣介石／写真・アフロ

仲良くしろなんて。無理だ。

稲村　やはりアメリカの政権は親共産主義政権でしたね。

茂木　アメリカといっても、一色に見ちゃいけないんですよ。中でいろいろな考えがあってね。戦前の中国がアメリカでロビー活動をやる一番の下支えになったのは、キリスト教のＹＭＣＡです。その組織がすごいんです。傘下に何千万の人間がいる。これがチャイナを救えと大運動を展開するんです。その影響で一九三九年、日米通商条約を延長しないということになって、四〇年に失効するわけですよ。考えても見て下さい。日本とアメリカ、何の戦争もしていない頃ですよ。通商条約破棄という準宣戦布告のようなことをアメリカは日本に対してやった。つまり日本は、中国を侵略してるから武器を送るな、という親チャイナ運動の主張が効果を発揮した結果です。中国によるアメリカでの反日宣伝は、アメリカ内部の大きな勢力が関わっていたものだったということです。

藤井　米中関係で言うと、一九世紀から多くのアメリカの宣教師が支那に行くんです。支那人を全部クリスチャンにしようと。ことごとく失敗するけど、懲りても懲りても行く。

茂木　しかもね、プロチャイナの宣教師のすごいところは、失敗しているにもかかわらず本国の本部に対して、非常にうまくいっているかのような偽レポートを出す。とにかく使命感でやってるから、共産主義者の活動と同じで確信がある。日本にとっては当時、全輸出額の半分近くが、アメリカ向け。こんな貿易関係を破棄するなんていうのは、これだけで戦争行為です。その破棄から始まって、どんどん追い詰めていったわけです。ところが、残念ながら、今の日本の国是は東京裁判史観なんですよ。これに反することを政府高官が言うと、田母神さんみたいに直ちに首になる。虎の尾を踏んだようなもので。

ジョージ・マーシャル

藤井　官僚には、教科書に書いてあるとおりが正しいんだ、と思っている人が多いんですね。

フランケンシュタインを作ってしまった

藤井　本書は回想の部分はもちろんあるけれども、さらに学術的な研究を加えている。われわれ日本人の歴史のためにも重要だが、この本を通じて、アメリカ国民自身が亡われた自国の正しい歴史を取り戻さなくてはなりません。それに加えて、この本は、中国共産党を考えるときに重要です。一九九一年にソ連邦が崩壊したあと、共産主義との対決に決着がついたかというと、そうじゃない。一九九四年、リチャード・ニクソンが死ぬ前に、中国に関して面白いことを言っています。「われわれはフランケンシュタインを作ってしまったのかもしれない」(16)と。このフランケンシュタインという言葉には二つの意味があると思うんです。一つは人造人間。要するに今の中国は頭は共産主義で下半身は資本主義という、わけのわからないものになっている。二つ目、フランケン

(16) われわれはフランケンシュタインを作ってしまったのかもしれない　第三七代大統領リチャード・ニクソン（1913-1994）は晩年、大統領任期中に中国の改革開放政策を支持し、中国経済を発展させた政策をとったことに関して、米紙ニューヨーク・タイムズのコラムニストだったウィリアム・サファイア氏（故人）に「われわれはフランケンシュタインを作ってしまったかもしれない」と話した。

シュタインというのは怪物の名前じゃなくて、怪物を作った博士の名前なんですね。小説では最後、フランケンシュタイン博士が怪物に殺される。怪物は作った博士を殺してしまう。つまり、ソ連と戦うために中国をこちら側へ引き寄せたまではよかったけれど、今度はとんでもない化け物になってアメリカに刃向かってきた。そこでニクソンはそういう表現を使ったのかなと思います。現在のアメリカの最大の脅威は、中華人民共和国です。アメリカ国内は思想的にリベラルに乗っ取られているし、アメリカの保守も危機感をつのらせています。

稲村　フーバーはこの回想録の最後で、第三次世界大戦は中国とアメリカの戦争になるかもしれないとも指摘しています。

リチャード・ニクソン

茂木　やっぱりそこまで考えていたんですね。

藤井　第二次大戦後は米ソ冷戦ですけど、これは、アメリカの油断とアメリカの中のある種の勢力が、アメリカの力を使ってソ連という化け物を作ったからです。アメリカ自身に原因があると、フーバーは考えていた。

茂木　彼に言わせると、知識人がたちが中心

ヨシフ・スターリン

になって、ルーズベルトにソ連を育てさせてしまったんです。

藤井　芽は向こうで出たんだけど、育てたのはアメリカという事ですね。

茂木　フーバーが書いていますが、ソ連が誕生してからのアメリカの歴代大統領四人と国務長官五人は、ソ連を承認しなかった。ところがルーズベルトになった途端に承認するわけです。しかも、共産主義の宣伝活動をアメリカ国内でやらないというのを条件にしたんですが、ソ連は調印が終わった途端に米国内で宣伝活動を始めた。約束が違うじゃないか！　とさすがにアメリカも言ったんですが、スターリンは「あれは俺がやってるんじゃなくて、コミンテルンがやってるんだ」と詭弁を弄する。それから、ソ連は堂々と共産主義宣伝をアメリカで展開するわけです。そこで、フーバーはソ連承認をルーズベルトの大失策の一つにあげているわけです。もっともルーズベルト自身が共産主義シンパですが。

藤井　今のロジックは中国共産党でも使っていて、国家を党が動かしてるけれども、党と政府は建前上は別。「あれは党がやってることですよ」なんて言い訳をする。実際は一体ですよ。

茂木　一体なんだけど、アメリカもそう言われちゃうと、屁理屈で押し切られちゃった。

藤井　「自由な社会」と「自由じゃない社会」が戦うと、後者のほうがそういうところは狡知に長けているから、自由社会は不利です。この書はやっぱり共産主義に対する徹底した脅威の認識が、テーマですね。

ウィンストン・チャーチル

茂木　そう。だからこの本の題名が"FREEDOM BETRAYED"なんですよ。つまり、アメリカの一番大事な価値であるfreedom＝自由が、裏切られた。それは共産主義に同調するルーズベルトに裏切られたってことなんです。この第一章にある共産主義論では、「要するに共産主義はfreedomの徹底的な敵だ」ということを書いている。そこから、まずチャーチルをやっつける。なんでドイツと戦争

アドルフ・ヒトラー

するんだって。ドイツとソ連という、全体主義国家同士を戦わせておけばいいじゃないか、とフーバーは主張する。第二次大戦というのは、ヒトラーが宣戦布告したんじゃなく、ドイツがポーランドに侵入したというので、イギリスが宣戦布告したんです。ほとんど同時にソ連もポーランドへ侵入してるのに。なんでそこに来て、もう一方の全体主義国家ソ連を助けるんだ、とイギリスを批判しています。さらに、アメリカがソ連にのめり込む。これがすごいんです。この本の資料に出てくるんですが、アメリカは戦争の最中、ソ連に航空機一万四七〇〇〇機を支援するんです。これは零戦の全生産量に匹敵します。それから戦車七〇〇〇両、装甲車六三〇〇両、トラック三七万五千台、ジープ五万二千台。銃砲や弾薬など何百万発という単位です。こうみると、ソ連は共産主義の力でナチに勝ったなんていうのはそれこそ「真っ赤」なウソ（笑）。ソ連はアメリカの傀儡国家として勝ったようなものですよ。

稲村　それと同じような手法が中国国民党に行われたんですね。アメリカは、航空機や武器の供与を始めとして、パイロットの養成などで国民党を、徹底的に援助しました。フーバー大統領は非常にその点はクールなんです。ソ連とナチスドイツはつぶし合いをさせれば良かったのに、と言ってる。

人種戦争

稲村　アメリカの長距離のバスはかつて、六〇年代の終わりでも白人以外前の席に座ることはできなかった。ましてや開戦の一九四〇年代の始めなんかでは、相当な人種差別があっただろうと思いますね。

茂木　F・ルーズベルトは、マルクス主義にシンパシーを感じる進歩主義者です。日本は古代から続く君主がいて、遅れた封建的な国と見ていた。これに対し、中国は共和制だから進んでると思ってる。それが彼の日本に対する人種偏見を強化、深化させたんです。

藤井　ウェデマイヤー回顧録で書かれていることですが、ウェデマイヤーは軍の中枢にいて総動員計画を作らされるんです。アメリカの産業力を全部投入して総力戦をやる。命令が来たのは一九四〇年の一二月、ちょうどパールハーバーの一年ぐらい前です。もう一つ強烈な証拠があります。これは一般には知られてないんですが、JB―三五五計画。(17) アメリカの爆撃機が支那大陸から飛んで日本を爆撃するという計画が昭和一六年七月一八日、陸海軍長官の連名で大統領に提出され、七月二三日に大統領がOKサインをした。これはアメリカの公的資料ですね。

ロークリン・カーリー

茂木　この件に関しては、アメリカの真珠湾五〇周年のときに、テレビのABC放送で放送されています。ロークリン・カーリーという大統領特別補佐官・中国担当が、この計画を進めていた中心人物です。要するにカーリーがコーディネーターとして、陸海軍の参謀に指示し案を作らせた。

(17) JB―三五五計画　日本本土爆撃作戦計画のこと。アメリカが爆撃機を中国空軍に供与し、中国から東京や京阪神を爆撃させる計画。供与された爆撃機は中国軍を装い（「フライング・タイガー」と呼ばれる）、アメリカ陸海軍飛行士も派遣されていた。一九四一年、米陸海軍合同委員会から出されたこの計画に、ルーズベルト大統領がOKサインをした文書は一九七〇年に公開されている。

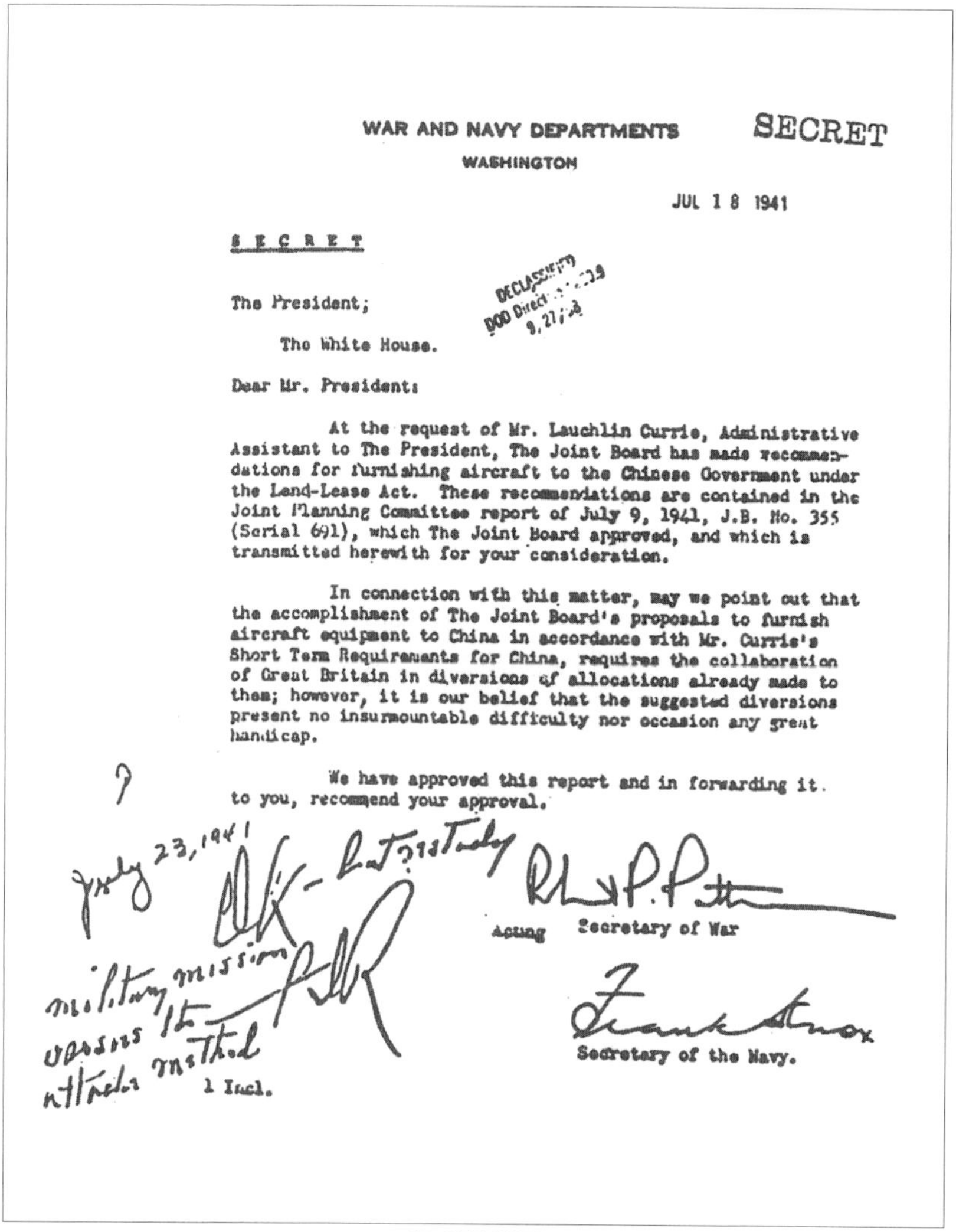

WAR AND NAVY DEPARTMENTS SECRET

WASHINGTON

JUL 18 1941

S E C R E T

DECLASSIFIED DOD Directive 5200.9 9.27.58

The President;

The White House.

Dear Mr. President:

At the request of Mr. Lauchlin Currie, Administrative Assistant to The President, The Joint Board has made recommendations for furnishing aircraft to the Chinese Government under the Land-Lease Act. These recommendations are contained in the Joint Planning Committee report of July 9, 1941, J.B. No. 355 (Serial 691), which The Joint Board approved, and which is transmitted herewith for your consideration.

In connection with this matter, may we point out that the accomplishment of The Joint Board's proposals to furnish aircraft equipment to China in accordance with Mr. Currie's Short Term Requirements for China, requires the collaboration of Great Britain in diversions of allocations already made to them; however, it is our belief that the suggested diversions present no insurmountable difficulty nor occasion any great handicap.

We have approved this report and in forwarding it to you, recommend your approval.

July 23, 1941

Robert P. Patterson
Acting Secretary of War

Frank Knox
Secretary of the Navy.

1 Incl.

JB-355 計画

中国のどの基地から日本のどの都市を爆撃するか、詳細な計画です。これはもはやオレンジプランとは違う。実行プランなんです。しかもそれを中国にやらせる。B―17、一五〇機。なんとカーリーは、やがてコミンテルンのスパイであったことが判明し、南米へ逃亡しているんです。この男がそのABC放送でインタビューされている。何の目的でこの案を作ったのか、との質問に対して、もちろん日本を破壊するためです、と答えています。

藤井　飛行機についているマークは中華民国だけど、実際はアメリカがやる。それを大統領が承認しているのですね。

茂木　そう。たまたまイギリスの方でB―17が必要になって、そっちへ回さなきゃいけないので作戦が遅れただけなんです。イギリスに回さなければ、昭和一六年の一〇月から一一月にかけては日本本土に爆撃が行われていた。アメリカこそが戦争を起こした何よりの証拠ですよ。

鼎談 “FREEDOM BETRAYED” をめぐって

第二章

過ったアメリカの政策

アメリカが国策を誤った一九のポイント

藤井　ここからは、本書でフーバーが指摘するルーズベルトおよびアメリカの政治の大道からの「逸脱」一九ポイントを一つずつ見ていきましょう。トルーマンの原爆の話も入ってきます。決定的なことは本文にある、日米戦争は「ルーズベルトは狂人」で「彼が始めた戦争だ」という一節です。

稲村　一番最後に怖い話が書いてありますね。「中国が世界第三次大戦の引き金になるかもしれない」と。預言的です。

藤井　そうですね。まさに今そうなっているわけです。米中の新・冷戦になっている。それでは始めていきましょう。この本の最後の方に「ドキュメント一八‥チャプター八九」（八七五―八八三頁）があります。そこに、フーバーの言いたい事が、よくまとまっています。そこでこの八九章を詳細に読んでいきたい。そのタイトルは「Review of Lost Statesmanship　(Statesmanshipからの逸脱を省察する)」。statesmanshipというのを稲村先生は「政治家道」と訳されています。

稲村　アメリカ人の理想ですね。

藤井　本来あるべき政治家としての理想、さらには現実的に採るべきだった道、ということなんでしょう。政治（家）の大道、踏むべき道という事でしょう。

茂木　政治家としての資格という感じかと思うんですけど。ですから、Lost Statesmanship は、「政治家としての資格失墜」が、適切ではないかと思います。

藤井　そうですね。これは非常にクリティカルなところで、前文に「七年間に一九回の逸脱があった」という。フーバーの歴史観もよく表れている。全体としては、当時から戦争回避の知恵は随分出ていたのに、それを採用せずに戦争を開始、拡大させ、世界で共産主義の脅威を結果として広げてしまった、という批判ですね。

稲村　ただの政治家と理想的な政治家の違いとは何か、理想的な政治家像が失われてしまったということを考え直してみよう、と書いてあります。それから、フーバー大統領はこの回想録を何回も書き直している。編者のナッシュ教授はこの頁は恐らく一九五三年の始めに書かれたものだろうと、ドキュメント一八の前文で述べています。一九五二年にアイゼンハワーが大統領選で勝利し、その後に書かれたただろうと。この章においては、フーバーは、めずらしいぐらいに力を入れている。トルーマン大統領とルーズベルト大統領の外交政策について、歴史を修正するような非難、糾弾を行っている。戦争のあらゆる段階における政策にすべて反対だ、と。

このドキュメントは秘密フォルダーに隠されてアーカイブ（文書館）にあったものらしいです。それが一九五七年から数えて四七年の歳月を経て出てきた。

茂木　最初に出版社に提出した原稿ファイルに入ってない部分なんでしょうね。

稲村　チャプター八九のレビューでは、「ヒトラーとスターリンは非難してもルーズベルトとトルーマンを擁護する者がいる、それでは駄目だ、彼らが犯した誤りがなければ後の甚大な損害というのは西側世界には起きなかった」と書いている。それから一つ目の一九三三年の大罪から書きはじめています。一九三三年というのは非常に重要な年号です。

【第一の過ち】一九三三年の国際経済会議の失敗

The World Economic Conference of 1933

First. The first time (of importance) that Roosevelt became lost in international statesmanship was his destruction of the 1933 World Economic Conference. ……(以下省略、原典P. 875)

「ルーズベルト大統領が国際的な政治家としての資格を失墜した最初の重要な事例である世界経済会議は、英国のマクドナルド総理大臣と当時の大統領の私が準備した会議で、一九三三年一月に開催を予定していたが、ルーズベルトが破壊した。その時丁度世界は、不況から経済の回復基調にあったが、一方で通貨戦争があり、貿易障壁を増加させる戦争があった。準備作業が専門家の手によって進められ、ワシントンに一〇人の総理大臣が集まって、国際決済に金標準を用いることに合意した。それにもかかわらず、会議の最中にルーズベルトは翻意して、金本位制の導入にひびを入れたために、会議は不調となり、達成する結論がなく死んでしまった。ルーズベルトの国務長官であったハルは、この会議の失敗が第二次世界大戦の根っこにあるとして、ルーズベルトのとった行動を

ハッキリと非難している」［抄訳］

藤井　一つ目は三三年の「世界経済会議World Economic Conference」についてです。

茂木　二九年に大恐慌があって、フーバーは大統領として対処していくんだけど、収まらない。その対策として、三三年にフーバーは世界経済会議を企画し、イギリスと協調して主要一〇カ国を集めた。

稲村　この一九三三年の会議をルーズベルトがつぶしたんだ、と批判している。

茂木　そうなんです。そのつぶしたことについて書かれた項目の一番最後を見ましょう。それまで会議で合意で決めていたのを、突如ルーズベルトは反故にしてしまう。ハル国務長官がそれを歯に衣《きぬ》着せずにハッキリ糾弾しているんです。この行為が第二次大戦の根本的な原因になったと。ルーズベルトの懐刀であるハルが非難している。これは、重大ですね。

ラムゼイ・マクドナルド総理大臣

世界経済会議／写真・アフロ

稲村　金本位制度に戻してバランスを取ろうという考えがあったが、それをつぶした。もちろんルーズベルトはその後ニューディールで有名になりますから、その時もある種の戦略があったのかもしれないけど。

茂木　なんでアメリカがキャンセルしちゃったかと言うと、当時まだ金とポンドが世界の通貨の中心で、それに対しての為替レートが、世界の為替レートの決め方だったんですね。このキャンセルから金というのを基準にして、通貨切り下げ[1]とかブロック経済[2]に入っていくわけです。ブロック経済は実はフーバーにも責任がある。

---

(1) 通貨切り下げ
固定相場制を採用している国が、交換比率を引き下げること。貿易赤字などが大きくなった場合、為替相場の均衡を保つために切り下げの必要が出てくる。輸出品の相対価格を下げるので国際競争力が高まる一方、輸入品価格の上昇を通じたインフレを招きやすい。

(2) ブロック経済
一九二九年の世界恐慌後に、世界の大国が取った保護貿易政策。複数の国々または本国と植民地が経済圏（ブロック）を形成し、ブロック内の国々の経済的利益を守ろうとするもの。対外的には貿易その他の面で障壁をつくってブロック外の国を排除する。一方、ブ

藤井　スムート・ホーリー法(3)ですね。

茂木　大恐慌のあとの対策として、徹底的に国内保護を目指した法律です。二万品目の関税を四〇％にしたんだから。こういう自己中心的な法をアメリカが通したんですね。フーバーはそれに反対したんですが、大統領就任時に農産物の関税を上げるというのを公約に挙げていた上に、産業保護の声が共和党の中からも、実業界、エコノミストからも強く挙がりました。議会でも圧倒的に保護主義の意見が強く、法案が通ってしまった。フーバーのときに通ってる

コーデル・ハル国務長官

ロック内では特恵関税などにより自由に交易し、各国の経済的利益の増進を計る。

(3) スムート・ホーリー法（Smoot-Hawley Tariff Act）
アメリカで一九三〇年六月一七日に成立した関税に関する法律。一千品目以上の輸入品に最高八〇〇％という記録的な高さの関税をかけた。世界中の国が報復措置を取って米国商品に高い関税率をかけ、その結果アメリカの輸出入は半分以下に落ち込んだ。世界恐慌の原因の一つとも見なされている。

からフーバーの責任です。これを契機に、イギリスがポンド・ブロックをつくる。対抗措置なんですよ。だから、世界のブロック化の元凶はアメリカなんです。日本の輸出の半分くらい占めてる大きなマーケットを持ってる国（アメリカ）が、一方的に関税を上げた。英連邦の中では低率関税で、外に対しては関税障壁を設ける。一方で通貨の切り下げ競争。それらを収めるのに、三三年の経済会議を行って、金本位を基準にしようと考えた。まとまりかけたら、突如ルーズベルトがひっくり返した。どうしてかと言うと、金を得るためじゃなくて、米ドルの切り下げをやりたかったから。だから会議から抜け、それでますますブロック化、通貨切り下げ競争が進むわけです。そういう意味ではこの三三年世界経済会議というのは主要一〇カ国が集まり、まとまりかけた大事な会議だったわけです。

藤井　フーバーは合理的に、先進国経済サミットみたいなものを考えたんですね。それなのに、三二年の大統領選挙でルーズベルトが勝ってからは一国繁栄主義、一国だけでやるんだという事になってしまった。

稲村　当時の日本がそういう通貨の問題をめぐって、どういう政策をとっていたのか。三二年、三三年というのは満州事変もあって日本の曲がり角ですが、ヨーロッパで何が起きたか、あるいはアメリカの動きと日本とはどう連動しているか、は考える必要がある。

茂木　実際に満州国ができるのは三二年。大恐慌の後の経済の混乱をどう収めるかという、曲がり角も翌年の三三年だったんですね。その収め方というのを、当時実質的に一番の経済大国であるアメリカが放棄しちゃった。

藤井　満州国というのは、当時の日本にとっては大きな景気のエンジン、まさにニューディール。新開地を作ってそこに日本中から金を集めて新規開拓する。過剰人口のはけ口にもなるし、資本投入で経済成長のエンジンにするということで、それはそれでうまく行っていた。

茂木　満州事変では戦争はほとんどやっていない。たった一万四〇〇〇人の関東軍で、半年で国ができてしまう。軍事的な理由ではなく、新しい経済圏にケインズ政策的な大きな投資が行われたことが、景気が良くなった本当の理由ですね。

稲村　朝鮮半島の支配権をだれに持たせるかなど、フランクリン・ルーズベルトはやはり前のセオドア・ルーズベルトの時代と大きな政策変更をしたんです。朝鮮半島を日本が三六年間支配できたのは、アメリカがフィリピンを取る代償として、アジアのモンロー主義を日本が貫徹することを認めたからです。それを変更した。この日本のアジア・モンロー主義容認政策を覆したのがフランクリン・ルーズベルトでした。

【第二の過ち】ソ連承認

The Recognition of Communist Russia in 1933

Second. Roosevelt's second lost statesmanship was in recognition of Com-munist Russia in November, 1933.……（以下省略、原典P. 876）

「ルーズベルトの第二の失策が、共産ロシアを一九三三年一一月に承認したことである。四人の大統領と、五人の国務長官にわたって、共和党か民主党かを問わずに、そのような承認行為を、（国際共産主義運動の目的と手法の全体を知った上で）ずっと拒否してきた。共産主義者は、宗教の信仰、人間の自由と民族や国家の独立をぶちこわすようなばい菌を運び、アメリカに浸透してくることを、彼ら（四人の大統領と五人の国務長官）は知っていたからである。彼らは、米国が共産ロシアを承認すれば、ソ連の威信と国力が高まることを知っていた。ルーズベルトが（スターリンと）結んだ愚かな合意、つまり共産主義者は、米国の国境の内側では活動しないという約束は、四八時間後には公然と反故にされた。共産主義の機関車と、それに乗った共産主義の乗客が、政府の高いレベルに入り込み、第五列の活動が全国にひろがり、フランクリン・ルーズベルトが大統領であった一二年間に亘って、国家反逆者の行為が長く続く事になった」［抄訳］

藤井　第二の点が、一九三三年、ソ連邦の承認です。ルーズベルトの二番目の大きな失敗lost statesmanshipだけど、意図的にやったのかもしれない。過去、共和党か民主党かを問わず四人の大統領と五人の国務長官にわたって、共産主義の脅威のためにソ連邦を承認してこなかった。それが一九三三年一一月に承認してしまった。大手を振ってアメリカの国内に共産主義者がなだれ込み、宣伝活動を始めた。共産主義の宣伝はアメリカ国内ではしないという条件だったのに、四八時間後に約束を反故にされた。政府と党は別だというような言い訳でごまかされて。それでアメリカが共産主義に引っ張られていく。ルーズベルト時代を通じて共産主義に侵されていく切っ掛けの根本です。これは非常に大きな指摘だと思います。

稲村　アメリカ共産党がどういう活動をしていたか、日本人の協力者はどういう人たちがいたのか。私はそういうところにも関心がある。アメリカの共産党と日本の体制とがどういう関係だったのか。フーバーは、ソ連を承認したのが最大のミステイクだったと言ってるわけですが、それではどういう影響が日本にあったのか。

茂木　フーバーは本書の第二章でこの問題に少し詳しく触れてるんです。面白いのは、ウィルソン大統領は、ベルサイユ講和条約をまとめて以降、共産ロシアというのは全世界の革命に依存して存在するという認識を持っていたという指摘。第三インターというのは、ボルシェビキを全世界にプロモーションするためのものだ。そう言って共産主義の陰険なやり方に警鐘を鳴らしているんですね。ややリベラルなウィルソンですらこういう主張をしていた、とフーバーは書いています。さらにフランクリン・ルーズベルトが大統領に選ばれる直前、二つの事件が起こっている。共産主義者が主導した事件です。一つは、偽札を大量に刷ったという事件。もう一つは、ボーナス行進。第一次大戦の退役軍人を組織し、われわれは生活に窮している、ボーナスをよこせ、と行進をやった。これには退役軍人が一万七〇〇〇人も参加。その他も加えて一九三二年の七月には四万人以上に膨れ上がった。結局、二人の死者、一〇一七人の負傷者を出す事件になった。これは共産党が影で主導したんです。共産主義指導者の「あれはわれわれがやった」と言っている文書もあります。そうした事件や危機感があったのに、ルーズベルトはソ連を承認した。彼はプロ（親）共産主義なんです。アメリカのリベラルは今でもそうだけど、当時はこの傾向は結構強かったしマスコミにもこういった共産主義・シンパは多い。

藤井　アメリカ共産党が何をやったかということも大事だけど、ルーズベルト政権の中枢自体が真っ赤というか、ピンクに染まっちゃっていたと言うことですね。

茂木　入り込みやすいわけですね。

藤井　逆に言うと戦後のレッドパージはやむを得なかったんですね。そこまでアメリカは共産主義に侵されていた。マッカーシズム(4)は乱暴なやり方だったけれども、やらざるを得ない必然性も十分にあった。

ジョセフ・マッカーシー

茂木　むしろマッカーシズムでやったことは、全て正しかったというのが、ヴェノナ文書(5)で証明されているわけで

(4) マッカーシズム　朝鮮戦争期の一九五〇年代アメリカにおいて、共産党活動あるいはその同調者を追求・摘発した運動。この運動を主導した共和党上院議員マッカーシーにちなむ。「赤狩り」とも呼ばれる。追求は有名政治家やハリウッドにもおよび、「マッカーシー旋風」と呼ばれた。

(5) ヴェノナ文書　第二次世界大戦前後に、アメリカ陸軍情報部とイギリス情報局秘密情報部が協力してアメリカ国内のソ連のスパイがモスクワの諜報本部とやり取りした秘密通信を、秘密裡に傍受し解読した記録のこと。一九九五年、アメリカ国家安全保障局（NSA）が公開した。

しょう。
藤井　これは第二次大戦後の日本人のアメリカ観にもすごい影響があった。アメリカが日本に戦争を仕掛けた、そのアメリカって何だったんだというと、共産主義に乗っ取られたアメリカのルーズベルト政権であったわけです。
茂木　ルーズベルトの人種差別的な意識も大きいと思うんです。それと共産主義的な進歩主義とが結びついて、対日戦争になった。

【第三の過ち】ミュンヘン融和の成功と失敗

「ヒトラーとスターリンという二つのモンスターが戦ってつぶし合いになることが不可避の状況にあったのに、政治家道を失った者は、そのつぶし合いを止めることに努力したのである」［抄訳］

藤井　三番目が大問題。ミュンヘン融和。(6) フーバーはミュ

(6) ミュンヘン融和
チェコスロバキアのズデーデン地方を割譲を要求するナチスドイツに対し、一九三八年九月、イギリス、フランス、イタリア、ドイツ各首脳がミュンヘンで会談、ドイツの要求を受け入れた。この融和政策のことを指す。それ以降、ナチスドイツに対してイギリスなどは融和的な外交政策を取った。融和政策がナチスドイツの領土拡大・第二次大戦の引き金となったという歴史観がある一方で、それを批判する見方もある。

Munich

Third. I am not disposed to condemn the agreement at Munichiin September 1938 for tansfer of Sudeten Germans to the Reich because it was a hideous heritage from Versailles which made such action inevitable.……（以下省略、原典P.876）

ンヘン融和を否定しているわけじゃない。ミュンヘン融和でヒトラーがつけあがったという俗説は採っていない。大勢的に言えば、ヒトラーとスターリンをつぶし合わせればよかったんだということです。そういう考え方は決して稀ではなく、イギリスの伝統的な外交政策でもあったんです。チャーチルのように、スターリンに味方してヒトラーを潰すというのではなく、イギリスからすれば、ヨーロッパ大陸を一つの力によって制覇させない、複数の国が大陸で勢力争いしている状況が望ましい。ヨーロッパが統一されたら、次はわれわれが狙われる。ヒトラーとスターリンってもともと衝突コースなんだから、やらせておけばよかったじゃないか、とウェデマイヤーもそういう考え方です。両方疲弊したところでアメリカが介入してバランスを取っていく。イギリスもそうすべきだったと書いていますね。この点はどうでしょうか？

茂木　ミュンヘンに関する章でなかなか面白いのは、ミュンヘン合意は当初、結構評判よかったんですね。イギリスでもフランスでも歓迎されていました。アメリカのルーズベルトもカナダのマッケンジー首相宛の手紙で、「戦争の勃発がさけられたのを喜びたい」と書いていることをフーバーは一二四頁で述べているくらいです。
藤井　その通りです。
茂木　これで戦争が避けられた、と。そのうち、今度は批判意見がダーッと出てくる。一番徹底的にチェンバレンを批判したのがチャーチルです。あのミュンヘン合意はそんなに不合理なものじゃないとフーバーは書いています。チェコのドイツ人はもともとその地にいたんだから、それを併合するのはそれなりの理由があった。
藤井　もともとベルサイユ条約の失敗なんだ、と言っていますね。

ミュンヘン融和

茂木　そう。これによって、ドイツがソ連に侵攻するドアが開かれた。せっかく開いたドアなんだから衝突させせろ、というのがフーバーの考えです。だからミュンヘン合意を一方的に批判するのはおかしいという考えで、今度はポーランド問題の批判へつながっていきます。

稲村　第一次世界大戦でドイツがこっぴどくたたかれて、疲弊したんですね。根幹はフランスとドイツの対立だったのに、いつの間にかドイツとソ連を戦わせるようになった。

藤井　ナチズムはなぜ生まれたかという問題を考えると、結局第一次大戦のドイツの敗戦と一九二九年以降の大不況が原因です。この状況下では、ドイツはナチズムに行くか、共産主義に行くか、二つに一つです。共産革命か、ナチス国家社会主義革命か。ギリギリのところで国家社会主義が勝つわけです。始めからヒトラーの構想は共産党・ソ連をやっつけることなんです。ユダヤ人も全部ウラル山脈の向こうに追放する。それでソ連をつぶして、国家社会主義を広めるというのが彼の構想。だからフランスは、第一次大戦のときは戦ったけど、第二次大戦ではもう相手じゃない。フランスは戦意喪失です。ヒトラーはイギリスともあまり戦いたくない。ナチスドイ

ネヴィル・チェンバレン
／写真・アフロ

ツからすると、ソ連とやるのが思想的にも地政学的にも本来です。チェンバレン・大英帝国からすると、植民地は世界中にあるわけでしょう。ヨーロッパ大陸には英国の植民地はない。ドイツにソ連のほうを攻めてもらえば一番いいのであって、自分の植民地は温存できる。大変に合理的な選択だと思う。東ヨーロッパにとっては、大変に困ったことなんだけれども……。だからミュンヘンは合理的な融和策だった、というのがフーバーの評価なんですね。

【第四の過ち】英仏の「ポーランドとルーマニア」への独立保証

「第四の計り知れぬ程に愚かな失敗は、イギリスとフランスとが、ポーランドとルーマニアの独立を一九三九年の三月末に保証したことである。その時点で、これまで、ヒトラーとスターリンとが戦うことが避けられない状況で在って、その際ヨーロッパの民主国家は介入しない方針をとっていたのであるが、その方針が変わったのである。

これは、ヨーロッパ外交史のなかでも、力関係の外交を見た場合に、歴史上最大の失策であった可能性が高い。イギリスもフランスも、ポーランドを侵略

The British-French Guarantee of Poland and Rumania in 1939

Fourth. The fourth abysmal loss of statesmanship was when the British and French guaranteed the independence of Poland and Rumania at the end of March, 1939. ……（以下省略、原典P.877）

行為から救い出す力がなかったのにもかかわらず、この保証によって、ヒトラーとスターリンの間に、民主国家の存在を投げ出すことになった。

これはスターリンをヒトラーから守ることになったばかりか、スターリンは自らの影響力を、一番高く買った者に売ることができるようになったのである。スターリンは、バルト海諸国と東ポーランドを併合した。ヒトラーは、ヒトラーから獲物をうばったのである。ヒトラーは、南東ヨーロッパに拡張して、モスクワの共産党の本山を破壊することを放棄したわけではなかったので、まず、前進するためには、西側の民主国家の中立化をなしとげる必要があった。第二次世界大戦という長い恐怖の列車がこの、ポーランドの（独立）保証という過ちから、発車することになった。ルーズベルトが係わったことは確かであるが、どの程度の関与であったかを確定するには、資料が不完全である。チャーチルは、政権をとっていなかったが、ミュンヘンでヒトラーと妥協した後のチェンバレンがめちゃくちゃな行

動に出るように駆りたてていった」［抄訳］

です。

茂木　三つ目の失敗が、第四の失敗につながってしまう。第四の失策として挙げられているのがイギリスとフランスがポーランドとルーマニアの独立を保証したことです。

藤井　イギリスとフランスがドイツの戦争に巻き込まれてしまった。

茂木　ここで、融和政策が戦争の原因と言われるようになるわけですが、むしろ勝手に独立を保証していたのが、おかしい、とフーバーは言っています。

藤井　イギリスもフランスも、ドイツの侵略を防ぐ力はなかった、なのになぜ保証するんだ、とフーバーは書いている。だから不本意な形で戦争に巻き込まれ、ポーランドはドイツにやられ、さらにソ連にやられた。第二次大戦後は一九九一年にソ連邦が滅びるまでの約半世紀、東ヨーロッパは完全にソ連という独裁体制の統制下に置かれてしまったわけです。英仏の愚かな外交が結局ソ連圏を広げさせてしまった。

茂木　フーバーはここまで言ってますよ。「第四の失敗はイギリスとフランスがポーランドとルーマニアの独立を一九三九年に保証したこと。その時点で、これまでヒトラーとスターリンとが戦うことが避けられない状況であって、その際、ヨーロッパの民主国家は介入しない方針を採っていた」。その方針が変わった。その次、「これはヨーロッパの外交史の中でも、力関係の外交を見た場合、史上最大の失敗であった可能性が高い」。この鋭い指摘は、今までの通説を覆すものです。

藤井　勢力均衡的なものの見方からすると、明らかに伝統的な英智を逸脱している。伝統的、正統的なバランスオブパワーでものを考えていれば、こんなことにはならなかったということでしょう。

茂木　そうです。イギリスもフランスもポーランドを侵略から救い出す力がなかったにもかかわらず、その独立を保証したということは、ヒトラーとスターリンに餌食のように民主国家を投げ出したようなものである、ということです。

藤井　それで結果として、スターリンの味方をしてしまうという、そういうことですね。

稲村　保証する力はないわけですから。そういう意味では国際政治の深刻なところだと思いますね。出来ない事を約束してはいけない。

茂木　「The long train of the hideous WW II……」。長く悲惨な第二次大戦のスタートは、要するにポーランドを保証するという失敗にあると書いている。この指摘はすごい。それでイギリスはドイツに宣戦布告したんですから。

ハミルトン・フィッシュ

藤井　フーバーは、「英仏のポーランドへの独立の保証にフランクリン・ルーズベルトが係わったことは確かだが、十分な証拠がない」と嘆いていました。しかし確かな証拠が出てきました。イエジ・ユゼフ・ポトツキ駐米ポーランド大使が、「ルーズベルト大統領は、ポーランドの独立維持の為に、英仏側に立って参戦する事を約束していた」と証言しています。これは『ルーズベルトの開戦責任』（ハミルトン・フィッシュ著、渡辺惣樹訳：草思社）の一八二～一八三頁に出てきます。ハミルトン・フィッシュ(7)も、フーバーと同様の歴史観を持った、素晴らしいアメリカの政治家でした。

(7) ハミルトン・フィッシュ三世（Hamilton Fish III、1888-1991）ニューヨーク出身の政治家。一九二〇年から下院議員。F・ルーズベルトの政敵として、ルーズベルトの政策を批判した。

【第五の過ち】アメリカの宣戦布告なき戦争

United States Undeclared War

Fifth. The fifth major blunder in statesmanship was when Roosevelt, in the Winter of 1941, threw the United States into undeclared war with Germany and Japan in total violation of promises upon which he had been elected a few weeks before.(以下省略、原典P.877)

「第五の誤りは、四一年の冬にルーズベルト大統領が、米国がドイツと日本に対して、宣戦をしないで戦争を始めた事である。これは、数週間前の大統領選の公約に全面的に違反するものであった」【抄訳】（※「一九四一年の冬」は、「一九四〇年の冬」の間違いであろう。というのも「数週間前の大統領選挙の公約」をしたのは一九四〇年の秋一一月の大統領選挙の時だったからである。「大統領選から数週間後」といえば一九四〇年の冬である。一九四一年の冬（一二月）には日米戦が開始され、アメリカは宣戦布告をしている）

藤井　五番目。これは日本に直接かかわってくる。ミュンヘン融和の後、四〇年の冬にルーズベルト大統領がドイツと日本に対し、宣戦をしないで戦争を始めたこと。これは、一九四〇年の大統領選の公約に違反するものであった、と。ルーズベルトは公約がだんだん守れなくなってきたということで、国内からも抗議を受ける。一九四〇年の冬にはルーズベルトは日独に対して事実上の戦争を仕掛けていたという指摘です。

茂木　関連ある章を見てみると面白いですよ。ミュンヘン合意のあと、ルーズベルトもこれを評価して「これで戦争の危機が避けられた」と言っている。それがいつの間にか……というのは、共産主義の裏からのプロパガンダがあったんでしょう。共産主義は知識人に影響を与えました。ミュンヘン合意は評判よくてルーズベルトまで評価していたのが、今やミュンヘン合意が悪の権化みたいに言われるようになってしまったんですから。

藤井　本当の原因はミュンヘン融和じゃなく、ポーランド保証問題なのに、ということですね。戦争の結果論で、融和を進めたチェンバレンに全部罪を着せるということが盛んに行われたのでしょう。これは今でも続いている。

稲村　ほんとの保証がない。いい加減なおつきあいしてリップサービスした。

藤井　ドイツと日本に対して宣戦布告のない戦争を始めた。ヨーロッパの戦争に介入しないという選挙公約を裏切った。大変な裏切り行為ですよ。

茂木　宣戦布告なき戦争という意味は、あとのほうにもいろいろ出てくる。レンドリース法(8)については一応宣戦布告

---

(8) レンドリース法　武器貸与法ともいう。アメリカがイギリス、ソ連、中国などの連合国に軍需物資を供給するために一九四一年に定められた。一九四五年までに総額五〇一億ドルの物資が供給された。

なき戦争には入れてないんですが、日本に対してはやっぱり経済封鎖ですね。「経済封鎖は戦争行為である」と、パリ不戦条約批准のときにケロッグ米国務長官が議会で言ってるわけです。一九四一年の七月には日本の在米資産の全面凍結があった。石油と屑鉄の禁輸もあった。これ自身が「undeclared war」だとフーバーは言っている。一九四〇年の通商条約破棄もそう。アメリカと通商でなんら問題が起こったわけじゃないのに、通商条約破棄する。これは準宣戦布告でしょう。

稲村　当時の絶望的な状況といったら……。残念ながら、日本の外交力は、ものすごく弱かったんですね。

【第六の誤ち】警戒心を持った忍耐政策を取らなかった事

「ルーズベルト大統領は、ヒトラーがロシアを攻撃することを知っていて、ロシアに情報を提供もしていた。ドイツに対する宣戦布告無き戦争を回避するべきであった。貸与法に関しても、イギリスに対しては金融支援のみに限り、その資金でイギリスが独自に、軍需品、糧食や船舶を購入できるようにすべきだった。これならば国際法の許す範囲内であった。政治の大道からすれば、あの緊

Failure in Watchful Waiting

Sixth. In the weeks before Lend-Lease and its war powers were forced upon the American people, Roosevelt knew definitely of Hitler's determination to attack Russia, and he informed the Russians of it……（以下省略、原典P.878）

急事態のなかで、注意深くじっくり待つ政策をとることが必要であった」［抄訳］

藤井　六番目。アメリカは「watchful waiting」をすべきだったんだということです。宣戦布告なき戦争なんかしないで、国際法の範囲内でイギリスに対し経済援助して、これで武器を買ってくれと言えばいい。これはこれはイギリスの借金になりますから戦争行為に荷担しているわけじゃない。「watchful waiting」注意深く戦争の外側にいて見守る。慎重に行動すべきであった。それが六番目のポイントですね。

茂木　レンドリース法というのは、単に援助を与えるだけじゃなく、大統領に権限を与えて、その判断でアメリカの船つまり軍艦もイギリスに使わせることができる、というひどい法律なんです。単にイギリスに経済援助をやるというのにとどめておくべきだった。

稲村　アメリカは議会と大統領権限が激しく対立する体制があり

ますので、そこら辺も背景にあると思います。当時はやっぱり大統領権限がものすごく強化されていた時代だったんですね。

茂木　本来、アメリカでは宣戦布告の権限は、大統領じゃなくて議会にあるんですね。議会が決定しないと、宣戦布告できない。それなのにこの法律だと、議会の承認なしで、戦争に関わる権限を大統領に与えていることになる。

【第七の誤ち】ソ連共産主義を助けた事

Alliance with Stalin

Seventh. Indeed the greatest loss of statesmanship in all American history was the tacit American alliance and support of Communist Russia when Hitler made his attack in June, 1941……（以下省略、原典P.878）

「アメリカの歴史の全史を通じてもっとも政治の大道が失われたのが、ヒトラーがロシアを一九四一年に攻撃したときに、共産ロシアを支援して、アメリカとロシアが非公然の同盟関係になったことである。英国を救うにはアメリカの軍事力が必要であるとする考え方は、例え誤った理論であったにしても、どこかに消えてしまった。ロシアを米国が支援すると言うことは、共産主義が世界に広がることであった。ドイツとロシアの戦争に米国は巻き込まれるべきではなかった。平和が持続するという最大のチャンスがあったのだが、ルーズベルト大統領は、その機会を捉えることができなかった」［抄訳］

藤井　七番目「Alliance with Stalin」これは本質的な問題だと思います。
茂木　これが一番の問題ですね。
藤井　共産主義ロシアを応援して、アメリカとロシアが、同盟国になってしまった。
茂木　フーバーはこの本の二三〇頁で彼が発表したアピール文を掲載している。タイトルは「My appeal that United States stay on the sideline until the great dictators exhaust each other」。その中で「今や我々はスターリンとその軍事的な謀略に支援を約束しているのだ、世界の民主国家の理想に反して」と警告を発しているんですね。
藤井　アメリカがソ連の力をつけてしまったのです。第二次大戦唯一の勝者がソ連とスターリンですよ。
稲村　アメリカとして莫大な犠牲を払って、ですね。
藤井　ロシア民族の勝利でもない。共産党の勝利です。
茂木　共産主義の勝利そのものです。ロシア人自身はひどい目に遭っているのです。

【第八の誤り】一九四一年七月の日本への経済制裁

The Economic Sanctions on Japan of July, 1941

Eighth. The eighth gigantic error in Roosevelt's statesmanship was the total economic sanctions on Japan one month later, at the end of July, 1941. ……（以下省略、原典P.878）

「第八番目の、ルーズベルトが犯した巨大な誤りは、一九四一年七月、つまり、スターリンとの隠然たる同盟関係となったその一ヶ月後に、日本に対して全面的な経済制裁を行ったことである。その経済制裁は、弾こそ射って射なかったが本質的には戦争であった。ルーズベルトは、自分の腹心の部下からも再三に亘って、そんな挑発をすれば遅かれ早かれ報復のための戦争を引き起こすことになると警告を受けていた」［抄訳］

藤井　八番目が、これはいよいよ日本対する経済制裁のトピックですね。これは繰り返し本書にも出てくることだけど、経済制裁はもう完全に戦争行為として始めた、ということです。

稲村　弾を打たない戦争ですね。

藤井　一九四一年七月の日本に対する経済制裁。ルーズベルトの巨大な失敗ですね。失敗というより、意図的な戦争挑発です。

稲村　日本に弾を撃たせよう、撃たせようとしている。

茂木　戦争開始する直前、世論調査をしたらアメリカ人の八五％が戦争に反対だったんですよ。だから、ルーズベルトは一貫して平和主義者として振る舞っている。チャールズ・ビーアド(9)はそれをアピアランス（見せかけ）と表現してます。しかも選挙で公約までしてね。そうしたら自分からやるんじゃなくて、やらせる以外に方法はない。ルーズベルトはそう思っている、と考えなければいけないのに、ルーズベルトと一生懸命交渉すりゃ和解の道ができるのでは、と日本は思っていた。冗談じゃない。みんなが反対してるのに、自分から手を出すなんて馬鹿はやらない。そうじゃないかのように見せながら、最後は相手が手を挙げるのを待っていた。

藤井　ルーズベルトは、側近が「こんなことをやったら必ず戦争になる、日本から報復を招く」と言っていたにもかかわらず、承知でやった。意図的な日本への戦争挑発ですが、この挑発が政治の大道からの逸脱という事で、フーバーは「失敗」と

（9）チャールズ・ビーアド（Beard, Charles A、1874-1948）インディアナ州出身、アメリカ合衆国の歴史学者、政治学者。コロンビア大学教授、アメリカ政治学会会長、歴史学会会長を歴任した。

称しています。

茂木　ルーズベルトの反対派だけじゃなく、彼の部下たちすらも再三言っているんですよね。

稲村　日独伊三国同盟がありながら、ドイツ軍は中華民国に最新鋭の武器を供給している。ドイツは、軍事顧問も大量に国民党に派遣している。そんなこともわからないで日本は戦争をやっている。日本は莫大な犠牲を出しながらなんとかシナ大陸での戦争に勝っている。

藤井　原文はわずか五行だけど、日本の戦争は自衛戦争だった、と評価している。戦争を仕掛けたのはルーズベルト政権の側であったということは繰り返し、はっきり言っている。

茂木　二六六頁に書いてありますが、チャーチルとルーズベルトが四一年八月に大西洋憲章を発表するための会談をしたとき、ルーズベルトはチャーチルに「Leave that to me それはおれに任せろ」「I think I can baby them along for three months（三カ月は日本を適当にあやしてるから）」と話したという。この記述は、脚注で"How War Came"（著者Forrest Davis and Earnest Lindley）という一九四二年出版の本の一〇頁にでていることを示しています。ちゃんと根拠を示しながら書いてます。

藤井　アメリカに早く参戦してほしい三つの勢力があった。一人はソ連のスターリンですよ。もう一人はイギリスのチャーチル、最後に中華民国の蔣介石。三人がそれぞれ強烈にルーズベルト政権をつかんで、早く日本を追い込んで、日本に撃たせろと働きかけた。そのとき日本の外交はアメリカで何をやってたのか、という問題は残ります。

【第九の誤ち】一九四一年九月近衛和平提案を拒絶した事

「ルーズベルトが近衛総理大臣の和平の提案を受け入れ拒否したこと。この和平の提案が受け入れられることを、日本に駐在するアメリカの大使もイギリスの大使も積極的に働きかけたし、又祈る様な気持で見守っていた。近衛が提案した条件は、満州の返還を除く全てのアメリカの目的を達成するものであった。しかも、満州の返還ですら、議論する余地を残していた。皮肉に考える人は、ルーズベルトは、この重要ではない問題をきっかけにして自分の側でもっと大きな戦争を引き起こしたいと思い、しかも満州を共産ロシアに与えようとしたのではないかと考えることになるだろう」［抄訳］

Refusal to Accept Konoye's Peace Proposals

Ninth. The ninth time statesmanship was wholly lsot was Roosevelt's contemptuous refusal of Prime Minister Konoye's proposals for peace in the Pacific of September, 1941.......（以下省略、原典P.879）

藤井　さあ、話は佳境に入ってまいりました。九番目が近衛文麿和平案ですね。「Refusal to Accept Konoye's Peace Proposals（ルーズベルトは近衛からの和平提案を拒絶した）」ということです。

茂木　ハーバート・ノーマン(10)という男がいます。日本の戦後のGHQで一番のキーパーソンです。日本で旧共産党系の憲法学者で新憲法を作っていた人たちがいた。それも全部ノーマンが発掘したといいます。だから憲法は必ずしも押しつけられたんじゃないという論拠にされたりする。とにかくマッカーサーは最初、近衛に憲法をつくらせようとした。これを排除して違う路線を取らせるために中心になって動いたのが、ハーバート・ノーマンだったのです。彼は今でも日本の近代史の労作を書いた歴史家として、著作が読まれてるぐらいです。とこ

(10) ハーバート・ノーマン(Egerton Herbert Norman、1909-1957)
長野県軽井沢町生まれ。カナダの外交官、GHQ幹部。第二次大戦後、冷戦下の赤狩りで共産主義者・ソ連のスパイという疑いをかけられ、駐エジプト大使として赴任していたカイロで飛び降り自殺を遂げた。

ろが彼は完全な共産主義者です。マッカーシー旋風のときに査問されるわけです。すると、当時ノーマンはアメリカの駐エジプト大使なんですけど、飛び降り自殺するんです。ソ連の一〇〇％のエージェントです。

藤井　九番目の失敗が「contemptuous refusal」、近衛の顔に泥を塗るような形で和平提案を拒否した。提案が受け入れられることを日本駐在の米国大使も、英国大使も、祈るがごとく促していた。これが受け入れられれば、戦争は回避できた。「近衛が提案した条件は、満州の返還を除くすべてのアメリカの目的を達成するものであった。しかも満州の返還ですら、交渉して議論する余地を残していた」ということですね。「議論する余地を残していた」は英語元文では「even this was thrown open to discussion.」。見方によっては、ルーズベルトはこの重要ではない満州問題を切っ掛けに、大きな戦争を引き起こしたいと思った、しかも満州を共産ロシアに与えようとしたのではないかと考えられる、とまで書いている。

近衛文麿

茂木　近衛は本気で和平を提案していたことは間違いない。だけど、ルーズベルトはあざ笑ってたわけですよ。だってチャーチルとの大西洋憲章の会談で、「三カ月あやしておく」と言ってるんです。もう一〇〇％戦争すると決めているわけです。最初は提案を受けるようなことを言っていたんですが。

藤井　始めから戦争を狙っていると思われたら困るから、そういうポーズを取ったのでしょう。

茂木　近衛が本気になって和平を考えていたというのが、はっきり言えば間抜けですね。自分が誠意を尽くして交渉すれば、どうにかなる、なんて考えるのは間抜けです。近衛より日本の軍人のほうが正しかった。アメリカは戦争しようとしている、向こうがやるんだったらこっちもやる。策を講じるべきで、アメリカの国民に対するプロパガンダ、働きかけ、そういうこともやるべきだった。和平提案やるんだったら華々しくやって、これを受けなかったらルーズベルトは戦争をやろうとしているんだ、というPRをする。そういう計画の下でやるならいいけど「私は誠意を持ってやった。断られた、残念だ」じゃあ余りに情けない。ルーズベルトが「あやしておくよ」とチャーチルに言っていた通り、近衛は子どもじみてますよ。

藤井　近衛提案にしても、今だったらリークするという手がある。アメリカのメディアに。ハル・ノートなどアメリカのメディアにリークして、「ルーズベルトは日本を戦争に追い込もうとしている。日本は平和を望んでいる」とアメリカ世論に訴えるべきでした。日本が和平を望んでいると印象づけなかったのは、まずかったでしょうね。外交では誠実さなんて役に立たない。そこの日本側の弱さということも、われわれとしては認識しなければいけません。

茂木　大事なのはフーバーは近衛提案を評価し、ここに書いているということです。

稲村　ここでフーバーが一貫して言っているのは、日本が命乞いをしている、ということ。命乞いをしている弱いやつを、なんで叩くんだと言っているんです。

茂木　フーバーは、あまり日本の実情は詳しくないけど、外から見ていてそういうふうに感じたのでしょう。

稲村　日本が惨《みじ》めに思えますね。

【第十の誤ち】日本との三ヶ月の冷却期間を拒絶した事

※原文では最後の一文はHitler and Togo「ヒトラーとトーゴー（東郷）が」となっているが、これは明らかに「Tojo東条」の誤記であろう。興味深い記述ミスである。

Refusal to Accept a 3 Month's Stand-Still Agreement with Japan

Tenth. The tenth loss of statesmanship was the refusal to accept the proposals which his Ambassador informed him came from the Emperor of Japan for a three months' stand still agreemnt in November, 1941.（以下省略、原典P.879）

「昭和一六年の一一月に、天皇陛下が三ヶ月間のスタンドスティル、すなわち冷却期間をおこうとの提案を、駐日の米国大使を通じてされたが、ルーズベルトは是を拒否した。米国の軍高官も、冷却期間の提案を受け入れるべきであるとルーズベルト大統領に促した。当時、日本はロシアが、同盟関係にあったヒトラーを打倒する可能性を警戒していたのである。九十日の冷却期間があって、（戦端開始の）遅れがあれば、日本から全ての戦意を喪失させて、太平洋で戦争する必要を無くしたに違いない。スティムソンの日記が明らかにしたように、ルーズベルトとその幕僚は、日本側から目立った行動が取られるように挑発する方法を探していたのだ。だから、ハルは、馬鹿げた最後通牒を発出して、そして我々は真珠湾で負けたのだ。損害がどんどん発生して、（東）南アジアで日本が勝利し占領することは、予想できなかったのだ。更には、アメリカは制海権を失って、ヒトラーと東条は、米国の海岸が見えるところで、アメリカの船舶を破壊することができるようになったのである」［抄訳］

茂木　これは最後の日本の提案のことですね。それには甲案と乙案があった。その乙案の内容が、三カ月間の現状維持をして、その間に妥協の機会を見つけようという暫定案。日本としては甲案が理想的だけど受け入れられそうにないので暫定的に乙案がある。ルーズベルトはそれを拒否した。

稲村　フーバーはハルノートが最後通牒だったと言っています。

藤井　ハルノートが最後通牒Ultimatumというのも非常に大事なことです。一九四一年の冬というのはクリティカルなところで、三カ月現状維持してくれたら翌年二月になる。そうすると、攻勢一方でやってきたドイツが対ソ連戦で守勢に回る。日本も慎重にならないといけない。日本軍の強硬派でも、対英米開戦というのはちょっとどうかな……となったと思うんです。その点で、この三カ月というのは非常にクリティカル。逆に言うとルーズベルトから言えば、とにかく日本を叩いて早く開戦させなきゃ駄目だ、三カ月待ったらもう日本は乗ってこないと。だますか、空振りに終るのかのギリギリの攻防ですよね、この頃は。

茂木　日本の先制攻撃でアメリカは計り知れないぐらいの損失を被ったと書いてある。「with loss of sea control」アメリカが制海権を失うことによって「Hitler and Tojo were able to destroy our shipping in sight of our own shores.（ヒトラーも東条もアメリカの沿岸ですら、アメリカの船を沈められた）」と言っていますが、これはドイツのことです。ドイツはメキシコ湾側の海上でアメリカの商船破壊を始めるんですよ。制海権をアメリカは持ってませんからね。その沈めた数が相当です。アメリカ人のジェームス・ウッド教授『「太平洋戦争」は無謀な戦争だったのか』では、日本は東南アジアの資源地帯を制圧したあとは、ミッドウェイに行ったりガダルカナルに行ったりじゃなく、商船破壊つまり通商破壊をやればアメリカにとっては対処しようがなかった、といっています。防ぐのはほんとに難しい。ドイツは大西洋でかなりやって、相当な被害が出た。通商をずたずたにやられてしまったわけです。真珠湾で負けて、フィリピンも含めて東南アジアの一帯を日本が支配した。ここで日本が、ミッドウェイ戦をやらないで通商破壊をやってれば、アメリカはすごい損害を被ることになったと言ってるんですね。

藤井　日本海軍は軍艦を沈めるのは好きだけど、商船破壊はやらないんだ。

茂木　商船破壊を程度の低いことだと思いこんでいる。

藤井　ところがロジスティクスのない戦争はないんでね、商船破壊も軍艦を沈めるのと同じことなんですけどね……。潜水艦による通商破壊については、最後の海軍大将として有名な井上成美《しげよし》が、彼の「新軍備計画論」の中で力説したが、海軍の中でもかえり見られませんでした。

茂木　逆に言うと、海軍の目的はそれしかない。海軍が相手の国の首都を占領なんかできない。海軍の目的は相手の通商破壊と自国のシーレーンを守る。これが使命でね、相手の軍艦を沈めるというのは手段なんです。それなのにシーレーンを断つ仕事は評価が低い。軍艦を沈めると五〇点の評価が、商船だとその一〇分の一だった。例えば、ガダルカナルが攻撃されて、それを阻止するために行われた第一次ソロモン海海戦。その海戦で三上艦隊はほとんど完勝。重巡四隻撃沈、重巡一隻大破、駆逐艦二隻撃破。対してこちらの被害は、重巡一隻小破。ところが、肝心のガダルカナルへ物資を積み込もうとする相手の輸送船を攻撃しないで帰ってきた。目的はそれなのに、危険を冒して商船を沈めても、点数が低いから。結局、ガダルカナルへ米軍の武器弾薬食料が補給されて戦力が強化された。ラバウルで陸軍の二見一七軍参謀長がそれを聞いて、「なんだ、ミカン取りに行って皮だけ取って帰ってきたのか」と言ったという。海軍というのは非常識な考えを持っていたみたいです。

藤井　艦隊決戦やるのが海軍の存在意義みたいに勘違いしてる。海軍の主目的は、自国の海上交通路（シーレーン）の確保と、敵国の海上交通路の破壊です。これは英国の海軍戦略家ジュリアン・コーベット（一八五四～一九二二）の理論です。

稲村　航空機だって美しい飛行機をつくっても、戦争にならない。ワシントンのスミソニアン博物館に展示された零式戦闘機を見るのは、いたいたしく悲しい。

【第一一の誤ち】無条件降伏の要求

The Demand for Unconditional Surrender

Eleventh. The eleventh gigantic error in Roosevelt's statesmanship was demand for "Unconditional Surrender" at Casablanca in January, 1943, where without our military, or even Churchill's advice, He was seeking a headline.（以下省略、原典P.879）

「第一一番目のルーズベルトの壮大な過ちは、一九四三年一月のカサブランカにおいて、枢軸国の無条件降伏を要求したことである。ルーズベルトは、米軍の助言も、チャーチルの助言も聞き入れずに、新聞の一面の見出しを狙った。無条件降伏の要求は、敵国の軍国主義者や扇動者に利用され、ドイツ、日本、イタリアとの戦争を長引かせた。ところが、実際の戦争の終わりには、日本とイタリアには、譲歩したのである。ドイツに関しては、ナチスをなくさない限り、平和は有り得ないから、無条件降伏の要求はドイツの和平への希望を失わせただけであった。戦争の終結の仕方が

「余りにも酷かった為、ドイツを再建する基礎となるものが失われてしまった」

［抄訳］

藤井　これが一一番目のstatesmanshipからの逸脱であるということですが、一九四三年一月のカサブランカ会議においてルーズベルトは「無条件降伏」という事を言い始めます。unconditional surrenderという、アメリカの南北戦争のときに出てくる言葉ですよね。これにこだわったので戦争がより残酷になり、長引いたということを軍事の専門家は大体指摘している。『ウェデマイヤー回顧録』にもそこは詳細に書いてありますね。このとき、スターリンがすごいことを言っている。始めはconditional surrenderで屈服させたあとに、unconditionalにしたらいいんだ、と。まさに日本はそれをやられた。

茂木　その通りです。ポツダム宣言の一三項目をミズーリ号上でサインして、日本軍隊が無条件降伏し軍が武装解除したら、一三項目は無視された。軍隊だけに適用される無条件降伏が、軍以外にも及んだわけです。

藤井　ポツダム宣言は、軍事的には無条件降伏で、政治的には条件を残したはずだったのに……。

茂木　「国民自身が政権を決める」とか「言論の自由を保証する」とか、ポツダム宣言は、よく読めばかなり甘い条件です。無条件降伏は軍隊だけだったんですよ。実はこの第四六章、三〇〇頁のところに出ているんですけど、このカサブランカの会議で無条件降伏なんて議論もされてない。だからチャーチルにも事前に言わない

ミズーリ号上

で、ルーズベルトは記者会見の時に、いきなり言った。アメリカの参謀、幹部にも何も相談しなかった。unconditional surrender なんて言うとマスコミ受けがいい響きじゃないですか。それをフーバーは指摘してるんです。国民はそういう強硬なことを喜ぶものだから、国務省も軍もそれに合わせて、無条件降伏論が定着していく。議論が出る前にマスコミ受け狙ってパフォーマンスしたら、みんなが反対できなくなった。

藤井　「米軍の助言も、チャーチルの助言も聞き入れずに」新聞の一面の見出しを

狙った。露骨ですよね。

稲村　面白いことに、スターリンもカサブランカでのルーズベルトの無条件降伏の主張に反対したと言うんです。ドイツとの戦争が長引くから、と。

藤井　日独伊の軍国主義者やそれから戦争宣伝やってる連中に、ほら見ろ、アメリカはこんな残酷なことを狙ってるんだぞ！　ということで、逆利用されることになった。交戦国の名誉も何も認めない。そういうふうに逆効果を生んでしまったという意味ですね。実際に最終的には、日本とイタリアに対しては降伏条件では妥協した。だけど特にナチスドイツとの戦争を非常に長引かせることになった。

茂木　三四一頁。この件についてD・リーヒー海軍大将がこう言ってると書いています。「それを実行するとわれわれのdifficultyを高める」、要するに相手を徹底破壊する以外に戦争を終わらせることができなくなる、と言うんで、軍の幹部も反対していた、ということですね。

藤井　戦争のプロとしてはそうでしょうね。

【第一二の誤ち】一九四三年一〇月のバルト三国とポーランド東部のソ連への譲渡

The Sacrifice of the Baltic States and East Poland at Moscow, October, 1943

Twelfth. The twelfth error of lost statesmanship was the sacrificed for free nations at the Foreign Ministers meeting at Moscow, in October 1943. ……（以下省略、原典P.880）

「第一二番目の過ちは、一九四三年一〇月のモスクワでの外務大臣会合で、自由とか民主政治といった用語が飛び交うなかで、ロシアが、バルト海諸国、東ポーランド、東フィンランド、ベッサラビア、とブコビナを併合（これはヒトラーが合意していた）する事に抗議の声が上がらなかったことである。この沈黙は、大西洋憲章とルーズベルトが約束した「四つの自由」を最終的に放棄するものであった」［抄訳］

藤井　一二番目の過ち。要するに共産ソ連がこういった国を自分の勢力圏に入れてしまうことに抗議できなかった。明らかに大西洋憲章や「四つの自由」の約束を放棄するものであった。ソ連に有利なことをやってしまったということです。「四つの自由」とか大西洋憲章とか格好いいこと言ってたけど、実際、そんなことはどう

カチンの森の虐殺
／写真・アフロ

でもいいということで、帝国主義者の分割に委ねる。特にソ連はなんでもやりたい放題。アメリカは黙認してしまうということです。

稲村　「カチンの森の虐殺[11]」なんかだって、随分後になってから真相が分った。

茂木　面白いのは最初の行。「モスクワの外務大臣会合で、自由とか民主政治とかの言葉が飛び交う中」。要するに「ここを自分の勢力圏にする」とかいう言い方は一切しないんですよ。きれいな言葉で、実質はソ連の領域にする。こういう偽善が行われている。

藤井　二〇〇五年、ブッシュ・ジュニアがヤルタ批判の演説をやった時、アメリカは欧州の西半分を解放しながら、東半分をソ連の全体主義に任せてしまった、あれは完全に間違いだったと言った。ほとんどルーズベルト批判で

---

(11) **カチンの森の虐殺**　第二次大戦中に、ポーランドの軍将校や警官ら約二万二〇〇〇人が、ソ連のグニェズドヴォ近郊の森で殺害された事件。一九三九年のソ連・ドイツによるポーランド割譲によって捕虜となったポーランド軍人などを、ソ連赤軍がスターリンの命で殺害した。当初はナチスドイツによる虐殺と言われていた。

す。さすが現役大統領だから、過去の大統領のことを直接批判はしなかったけれども、第二次大戦の大義がインチキだったということですよ。

【第一三の誤ち】一九四三年一二月、七つの国家にソ連の傀儡政権の押し付けを認めてしまった事

Teheran and Its Sacrifice of Seven More Nations

Thirteenth. The thirteenth and possibly one of the greatest of all confused wanderings in Roosevelt's and Churchill's statesmanship was at Teheran in December, 1943.（以下省略、原典P.880）

「第一三番目の間違いで有り、ルーズベルトとチャーチルがふらついて一番混乱した例のひとつであるが、一九四三年一二月のテヘランでの会議である。ここで、第一二番目の、ロシアによるバルト諸国などの併合が確認され、スターリンが、友好的な国境の諸国と名付けた、傀儡政権の七カ国を承認したことである。国際的な道義と彼ら自身（ルーズベルトとチャーチル）の諸国への独立の約束と、自由な人間への忠誠に則《のっと》り、ルーズベルトとチャーチルはスターリンに対して反対すべきであった。それまで、こうした併合に対する合意や、黙認と妥協をスターリンと行うことが必要であるほどの、軍事的な危険は存在しなかったのである」［抄訳］

テヘラン会談

ヤルタ会談

藤井　一三番目の間違い。ルーズベルトとチャーチルの確信がふらついて、一番混乱した例の一つが一九四三年一二月のテヘラン会談であったとフーバーは言います。ここでソ連によるバルト諸国その他の併合が確認され、スターリンがそれらの国を「友好的な国境の諸国」と名付けた。「friendly border states」と。自分の支配下ということですな。傀儡政権七カ国を認めた。国際的道義を忘れずにチャーチルとルーズベルトはスターリンに反対すべきだった。こうした併合に対する妥協をスターリンに行う必要があるほどの軍事的危険はなかったのですから。冷戦時代には、衛星国という言葉もありましたね。

【第一四の誤り】ヤルタの秘密協定

Yalta-the Secret Agreements on the Downfall of Nations

Fourteenth. The fourteenth fatal loss of statesmanship was by Roosevelt and Churchill at Yalta in February, 1945.……（以下省略、原典P.880）

「ルーズベルトとチャーチルは、致命的な間違いを一九四五年二月のヤルタで犯した。スターリンが一二の国々の独立に対して干渉を加えることを追認しただけではなく、数世代に亘って国際関係に危険をもたらす、悪しき勢力の動きを助長するような秘密の協定が多数結ばれた。スターリンが傀儡の国家を七つ作ったことを知りながら、「自由で妨害されない」とか、「全ての自由な人士の参加」とか、言葉を繕って、スターリンの暴虐に水を差さないで隠蔽した。テヘランに於いて、軍事上の妥協を最も強力に主張した向きも、ヤルタでは、

そうした主張をもうしなかった」［抄訳］

藤井　一四番目がいよいよ一九四五年二月、ヤルタ。

茂木　だんだんソ連の要求が増えていって、一二になるんですね。ここで一二の国々の独立に対して干渉を加えることを追認しただけでなく、数世代にわたって国際関係に危険をもたらすような秘密の協定が多数結ばれた。フーバーは「言葉を繕って、スターリンの暴虐に水を差さないで隠蔽した」と批判しています。人類の自由と品格のためにも反論すべきであったとフーバーは回顧するわけです。次は、日本の問題ですね。ヤルタ協定そのものへの批判は既にしましたので、繰り返しません。

【第一五の過ち】一九四五年五月〜七月日本の和平提案を拒否した事

「一九四五年の五月、六月、七月と、日本は白旗を掲げて和平を求めていたが、トルーマンはこれを拒否した。トルーマンは、ルーズベルトの無条件降伏という愚かな条件に従う義務は無かったのだが。ヨーロッパにおける米国の軍事指導者達は無条件降伏にこだわる事に反対していたのだ。日本との和平はただひ

Refusal of Japanese Peace Proposals of May-July, 1945

Fifteenth. The fifteenth time of lost statesmanship was in respect to Japan in May, June and July, 1945…….（以下省略、原典P.881）

とつの譲歩で達成できた。それは天皇の地位の保全である。日本の天皇は世俗国家の元首であるばかりでなく、国民の精神的権威でもある。天皇の地位は信仰と伝統に基づくものなのだ。米国側が、最終的にこの条件を受け入れたのは、数十万の人命が犠牲になった後であった」［抄訳］

藤井　一五番が「Refusal of Japanese Peace Proposals」。一九四五年五月から七月にかけて、日本の和平提案を全部拒否して、unconditional surrenderにこだわった。

茂木　ヨーロッパの米国軍事指導者達が、無条件降伏に反対していたということですね。「日本との和平はただ一つの譲歩で達成できた」。要するに元首、日本の天皇の地位の保全ですね。

稲村　日本はそれしか条件を出してませんから。満州だって昔に戻してもいいと言ったんですから。

茂木　ポツダム宣言では明言はしていないけど、米国は最終的にその譲歩を受け入れたということなんです。フーバーはそう解釈して「最

ポツダム宣言

終的に受け入れたのは、数十万の人命が犠牲になった後」と言っています。最終的に受け入れたのは、日本ではなくてアメリカ。**We finally conceded** と書いている。天皇の地位を保証すれば、もっと戦争を早く終わらせられたんだと。ところが日本の歴史教育では、日本がポツダム宣言を無視したから犠牲者が増えた、とばっかり言っているわけです。

稲村　ヤルタ秘密協定が圧倒的に重かったですから、ヤルタの関係をもう一回日本側で整理する必要があるんじゃないかと思う。特に、北方領土について。

藤井　北方領土もずばりヤルタですからね。ヤルタにさかのぼって、ロシアとの領土問題の話しなきゃいかんですね。天皇の地位の保全さえ約束してれば、日本は簡単に降伏したという指摘は誠にその通りです。

稲村　トルーマンが、ルーズベルトの無条件降伏論に縛られる必要は全くなかったと、フーバーは言っている。

藤井　ナチスドイツは既に五月に降伏し、五月、六月、七月と日本は既に白旗を掲げていた。それに対しトルーマンは「refused to take notice」。それを認めることを拒否したということですね。

稲村　原爆が落とされた後にようやく認めたと書いてあるんですね。

茂木　言いかえれば、日本の降伏は無条件降伏ではなかった、と言ってるわけですね。

稲村　しかもそれは、莫大な犠牲の後にようやく成立した。前から認めていれば、戦争の犠牲者を増やす必要はなかった。

藤井　この「It had been denounced by our own military leaders」。要するにヨーロッパにいる米国の（our own）military leadersからも「あんなことをやるべきじゃない」と言われていた訳です。日本の天皇の地位は、特別な伝統に基づくものである。ここでは「a thousand years」と書いていますが、本当はもっと長いのであって、そういうことがわかってなかったということです。天皇の地位の保全を約束すれば、日本は容易に降伏できたんだけど、連合軍はそれを受け入れないから戦争が長引くことになった。「Truman refused to take notice of the Japanese white flags.」。日本はもうこのとき、ホワイトフラッグ、白旗を掲げている。それなのになんでここまでやるんだと。戦争を早く終わらせようという意思がなく、無条件降伏というルーズベルトの考えにトルーマンも縛られていたということだと思います。

【第一六の誤ち】トルーマンのポツダムでの決断

「ポツダムにおけるトルーマンの過ちが、第一六番目の過ちである。民主国家では、経験の無い人物に政権が渡され、共産主義者が、重要な場所に進出して来た。ポツダムでの合意の全てが、スターリンに対して降参したことを追認したり、拡大することであった。共産主義者による併合と傀儡政権が、スターリンとの繋がりを強化されたばかりではなく、ドイツとオーストリアの一部がスターリンの懐に入ってしまうような政府に関する条項が決定された。賠償の政策の結果は、米国の納税者の数十億ドルもの金が、職を失ったドイツ人の救援の為に使われ、かえってドイツだけではなく、ヨーロッパの再興を遅らせた。戦争捕虜が奴隷のようになり、自らの土地から民族追放が行われることが承認され、ヤルタでのそうした愚策が拡大された。これに加えて、指導者の人々の忠告に反して、日本に無条件降伏の最後通牒が出されたことである。アメリカの経験ある多くの専門家が勧告した、天皇（みかど）を維持することを許す救済条項を入れないで、無条件降伏を要求したのである。日本側は、回答として、この条件のみを求めたが、原子爆弾が投下された。そして、最後になって、この条件が受け入れられた」［抄訳］

Potsdam

Sixteenth. The sixteenth time ofblind statesmanship was Truman at Potsdam.......（以下省略、原典P.881）

茂木　一六番目がポツダムでのトルーマンの誤った判断です。

稲村　ポツダム宣言は七月二六日ですね。そしてポツダム宣言を日本が受け入れたのは八月一〇日。

茂木　御聖断が下ったのは八月一〇日の午前二時です。

藤井　話はこの辺からトルーマン政権に移っているんですが、民主国家では経験のない人物に政権が渡された、と言うのは、アメリカのことですね。共産主義者がいろいろな場所に出現した。ポツダムでの合意のすべてが、スターリンに対して降参したことを追認したり拡大することであった、とフーバーは批判しています。

稲村　スターリンはポツダムに来たんですね。ただ、ポツダム宣言にはもちろん参加していない。ポツダム宣言は英・米・中華民国の指導者が日本に向けて出したものので、スターリンの名前は入ってない。

茂木　日ソ中立条約で、七月二六日には日本とまだ戦っていないからね。もう一つ面白いと思うんですけどね、ポツダム宣言の結果、アメリカの納税者に何十億ドルもの負担をかけて、その金が「idle Germans」「職を失ったドイツ人」の為に使われたが、これがかえって、ヨーロッパ並びにドイツの復興を遅らせたという。

稲村　あとポツダム宣言は日本を武装解除し、兵隊を平和な家庭生活に戻す、と言ったんです。ところがスターリンは六〇万人の日本兵をシベリアに連れていった。シベリア抑留(12)です。これはソ連による国際法違反の拉致事件です。これはポツダム宣言の違反ですよ。

藤井　この「戦争捕虜が奴隷のように」というところは、本当に大事なところですね。シベリア抑留者の約一〇％が殺されました。

---

(12) **シベリア抑留**
第二次大戦後に投降した日本兵捕虜約六〇万人を、ソ連がシベリアへ強制移送し、強制労働を伴う抑留生活を強いたことを称する。捕虜を日本に復帰させるというポツダム宣言に背く処置であった。抑留中の日本人死者は約五万三〇〇〇人に上るとみられている。

【第一七の誤ち】原爆投下

Dropping the Atomic Bomb

Seventeenth. The seventeenth wandering of American statesmanship was Truman's immoral order to drop the atomic bomb on the Japanese. Not only had Japan been repeatedly suing for peace but it was the act of unparalleled brutality in all American history. It will forever weigh heavily on the American conscience.（以下省略、：原典P.882）

「第一七番目のアメリカの政治の大道からの逸脱は、トルーマンが日本人の上に原子爆弾を落とすという非道徳的な命令を下したことである。日本は繰り返して平和を求めていたにもかかわらず。これはアメリカの全ての歴史のなかで、他に比較するもののない残忍な行為であった。これはアメリカの良心に対して、永久に重くのしかかるであろう」［抄訳］

藤井　一七番目が、原爆の投下。

稲村　そう思っているアメリカ人もいることはいる。

藤井　トルーマンが日本人の上に原爆を落とした。非道徳な命令を下した。これはアメリカの良心に永久に重くのしかかる事件であると、フーバーは素直にその誤ちを認めている。

茂木　「Truman's immoral order」トルーマンの非道徳的な命令。

藤井　「immoral order」。これは強い非難と反省の言葉です。

稲村　実行したのはトルーマンだが、計画を作ったのはルーズベルトです。

【第一八の過ち】毛沢東に中国を与えたこと

「トルーマン、マーシャルとアチソン[13]が中国に関して、政治の大道を見失ったのが第一八番目の誤ちである。ルーズベルトは、蔣介石が共産党と協力することにこだわって、中国に関する裏切りの秘密協定がヤルタでできた。その結果モンゴルと、事実上満州をロシアに手渡すことになった。トルーマンは全中国を共産主義者の手に委ねてしまった。それはトルーマンの左翼の側近の根強い影響の為である。彼らはマーシャル将軍を特使に任命させ、マーシャルを通じて彼らの

(13) ディーン・グッダーハム・アチソン (Dean Gooderham Acheson、1893-1971)
アメリカの弁護士、政治家。トルーマン大統領の下で国務長官を務めた。

意志を代行させたのだった。そしてとどのつまりは、四億五〇〇〇万ものアジアの人々を、モスクワ傘下の共産主義の傀儡政権の手に委ねる事になってしまった。トルーマンは、政治の大道を踏みはずし、巨大な誤ちを犯したのだった」［抄訳］

Giving China to Mao Tse-Tung

Eighteenth. The eighteenth series of steps in loss of statesmanship was by Tru-man, Marshall and Acheson in respect to China.（以下省略、：原典P.882）

藤井　一八番目。要するに中国共産党に中国を手渡す路線を敷いてしまったということですね。トルーマン、マーシャル、アチソンのチャイナに関する一連の決断が間違っていたということだと思います。このとき、はっきり言えば蔣介石をもっと支援して、共産党と徹底して戦わせればよかった。スターリンも背後にいるのに、共産党と仲良くして連立政権を作れと無理なことをアメリカは言って、どんどん蔣介石の力が衰えて、その間に共産党が広まっていった。ウェデマイヤーがマーシャルについて「判断を完全に誤ってる」と言っています。そしてアメリカが蔣介石をもっとしっかりと支援していれば、揚子江の南には中華民国は残っていただろうに、と残念がっています。

茂木　実は肝心な人物がいましてね。先述したロークリン・カーリー、

毛沢東／写真・アフロ

大統領特別補佐官で中国担当。彼は戦後、コミンテルンのスパイとして南米に逃げるわけですが、アメリカの中国政策の中心的な役割を果たしていた。先ほど述べた、日本からの和平提案甲案、乙案ですが、乙案も否定されたというのは中国（蔣介石）が強く反対したかららしいですね。それで最後通牒であるハルノートになった。こういう説明が普通は行われる。でも、実際には乙案を否定するよう圧力をかけたのはこのカリーじゃないかと思います。

藤井　要するにトルーマンは全中国をコミュニストの手に与えてしまったということです。共産主義シンパのアドバイザーたちが強く主張し、マーシャル将軍は特使としてそれを実行するために中国に派遣された。国共合作は対日戦争の間は良かったんですよ。ソ連とアメリカが組んでるんだから。でも終わったら敵なんだから、アメリカがスパッとそこで態度をあらためなかったのは何故か、ということです。

茂木　日本が終戦を迎えて占領のころになると、中国では国共内戦が起こる。もう完全にトルーマンの時代です。そのときに、トルーマン政権内の共産主義シンパは、蔣介石に軍事援助を与えることを妨害した。

藤井　国務省は当時、真っ赤っかだから、中国はモスクワの共産主義傀儡政権の支配する所となった。これこそまさに政治の大道からの大きな逸脱だということでしょう。これが中国の運命を大きく歪めてしまった。第二次大戦の処理のときの大きな誤りです。

稲村　中国はもう第二のアメリカ合衆国になる、ぐらいの宣伝がありましたから。

藤井　そういう宣伝をやったんです、コミュニストが。毛沢東はジェファーソンみたいな素晴らしい人だという宣伝をエドガー・スノー(14)なんかがやったのです。

茂木　この宣伝を本気にする人が、知識人を中心に多かった。知識人がこういう宣伝を真に受けてアメリカの世論に悪影響を与えたのです。

---

(14) エドガー・スノー（Edgar Snow、1905-1972）　アメリカのジャーナリスト。中国共産党を取材し、その宣伝に協力した。特に毛沢東に接近し、彼の中国革命を讃美した『中国の赤い星』は著名。

【第一九の誤ち】戦後世界に共産主義の種を撒いてしまった事

The Dragon's Teeth of World War III

Nineteenth. From the Moscow, the Teheran, Yalta and the Potsdam Confer-ences, the policies as to China, the dragons teeth of a third world war were sown in every quarter of the world and we were to see "the cold war" overyears and finally the hideous war in Korea and the feeble North Atlantic Alliance with all its dangers of American defeat again.（以下省略、：原典P.882）

「モスクワ会議、テヘラン会議、ヤルタ会議、ポツダム会議そして誤れる対中政策を通じて、第三次世界大戦を引き起こす危険のある竜の歯が、世界中の至る所にばらまかれた。その結果何年もの「冷戦」が続き、おぞましい朝鮮戦争が勃発し、北大西洋同盟が弱々しく成立したが、アメリカが再び敗北する危険は常に付きまとっていた」［抄訳］

藤井　一九番目。この「The Dragon's Teeth of World War III」。モスクワ、テヘラン、ヤルタ、ポツダムの会議そして対中政策の錯誤が重なって、冷戦の原因になってゆく。次に朝鮮戦争、ベトナム戦争になっていく。NATO（北大西洋条約機構）もできたけれど、脆弱だと。第三次世界大戦を引き起こす可能性のある「竜の歯」が世界の至る所にばらまかれた。Dragon's teeth「竜の歯」というのは面白い表現ですが、「災いの種」という意味ですね。ギリシャ神話から来た表現です。何年も冷戦が続き、朝鮮戦争が勃発した。これはもう今日にもかかわってきていて、共産中国を成立させ、上半身が共産党独裁、下半身が擬似資本主義みたいなへんてこなものを作った。これが第三次世界大戦になりつつあるんじゃないか。私は、第三次世界大戦という言葉を使うならば、ソ連との冷戦が第三次世界大戦だったと思いますが、すると米中新冷戦は第四次世界大戦かもしれない。ルーズベルト政権はアメリカの国益を代表した政権でもなんでもない。どんな政権だって国益の一部を代表するに過ぎないだろうけど、F・ルーズベルト政権ぐらい大きくアメリカの国益と相反していた政権はなかったんじゃないですか。

アイゼンハワー

稲村　中国共産党を伸ばしたのはアメリカです。

藤井　そのとおり。はじめはフランクリン・ルーズベルトで次はリチャード・ニクソンです。ニクソンが九四年に亡くなる前に、中国に関して「We may have created a Frankenstein」と言ったという。これについては既に述べた通りです。

茂木　今年、ヒラリー・クリントンの回顧録[15]が出ました。アセアン会議がベトナム[16]であったとき、ベトナムが議長国でした。そこで南シナ海の問題を発言させないように中国が圧力をかけた。でもベトナムは発言したし、アメリカも発言するわけですね。中国への懸念ということでね。そしたら中国の代表の楊潔篪外相が立ち上がって真っ赤になってみんなを睨みつけて、「中国は大国だ」と大声で怒鳴った。論理的な反論、主張ではない、ただ「中国は大国だ」という露骨な強者の論理を恥ずかしげもなく大声で怒鳴ったと書いています。ヒラリーもさすがにあきれたようです。

藤井　一九番目で終わるんですが、やっぱり最後は、キリスト教の原則に戻って、共産主義が広まるのをアメリカは許してきたのは間違ってる、とフーバーは言っています。一九五二年、アイゼンハワーが当選する。それをもって、これが新しい、良きアメリカ復活の兆候だというところでこの章の記述は終わる。共産主義を広めてしまった。まさ

---

(15) ヒラリー・クリントンの回顧録
Hillary Rodham Clinton, Hard Choices (America, Simon & Schuster, 2015)

(16) アセアン会議がベトナムで……
二〇一〇年、ハノイで開かれたASEAN地域フォーラム（ARF）。この席でクリントン氏が、南シナ海の領有権問題について発言、中国を牽制した。

にわれわれの政策の誤りである。だけどアメリカは復活する、アイゼンハワー政権の誕生とともに、という言葉で結ばれています。

鼎談“FREEDOM BETRAYED”をめぐって

第三章

戦争を引き起こした狂気

共産主義と戦う自由主義者フーバー

茂木　この本の一番の元になっているのは、フーバーの共産主義に対する根本的な批判ですね。第一章でそれが書かれている。論じていきましょう。

まずボリューム一の第一篇のイントロダクションで、この本の目的について書いている。この本の目的は「いつ、どこで、どのようにして、また、だれによってわれわれは、第二次大戦と第三次大戦に引き込まれたのか。その結果、自由が裏切られることになったのかということを、ステップ・バイ・ステップで分析しようとするところにある」と、非常に簡潔に言っています。同時に、この戦争が始まり進んでいく過程で、だれが警告を発し、また間違ったディシジョン（決定）に対して反対したかということを、述べている。今度はセクション一に入りまして、「自由人に対する巨大な、知的または道徳的な脅威というものがやってきた」と指摘します。それが共産主義なんです。これが五つのチャプターで構成されています。まず最初のチャプターでは、共産主義はだれが作ったのか。リーダー、その理論、方法論について書いてまして、もちろんマルクス・エンゲルス等々については説明してますが、「共産主義の原則と方法」というところで独裁論を展開している。その次は宗教と道徳論。無神論ですね。これは、論拠を引用しながら書いてます。その次は国際関係について。例えばレーニンは「条約というのは、自分たちの力を得るための方法なんだ」と言っている。またスターリンは、「外交官の言葉というのは、彼の行為と矛盾しなければいけない」。「must」と言ってるんですね。言葉は one thing（一つのこと）で、行いは全く別だと。要するに「誠実な外交官」なんていうのは、まるで「dry water」乾いた水、あるいは「wooden iron」木の鉄だとか表現していますが、全く矛盾した言葉である。誠実に交渉するなんてばかだ、とスターリンは言っている。こういう発言を引用しながら、共産主義者はどういうことを考えているのかを明かにしている。同時に、プロレタリアートは国際的にほかの国の革命を助けなきゃいけない、ということについても、レーニンの言葉を引いて解説しています。それから次に、労働組合はストライキをやり、それから法的な秩序、団体を転覆させることについて述べてます。ここで「トロイの木馬」という言葉が出てくる。このテクニックを共産主義者は多用しているということです。一九三八年に非米委員会[1]ができまして、いろいろな調査をやっています。一九四〇年には非米委員会の委員長マーティン・ディースという人、民主党の人なんですが、非米委員会の活動報告を使いながら、共産主義者が「トロージャンホース」(2)、トロイの木馬作戦ですね、そういった戦術タクティクスをいかに活用しているかという実例を書いてるんです。共産主義というのは、国家間、グループ間における敵対関係をかき立てるのが方法の一つ、政策の基礎だということです。あらゆる矛盾、あるいは軋轢というものを利用して、資本主義を解体する為に利用する。平和については、共産主義国と資本主義国との間に平和ということはあり得ない。レーニン、スターリンの演説を引用しながら、平和、平和と言いながら実は共産主義者にとって、絶対に平和はあり得ないと考えているということを述べています。これが一応原則論ですが、その次に、ソ連の承認問題です。

藤井　一九三三年ですね。

茂木　その問題について書いてます。ソ連をアメリカが承認したことで、世界に対してソビエト政府の信頼性の証を与えちゃったんだと。ほかの国々はアメリカにならって、承認していくわけですけれど、それはconspiracyつまり、陰謀である。今

---

(1) 非米委員会
アメリカ国内における反体制的、非アメリカ的活動を取締るために、一九三八年に設置された下院委員会。当初はナチ活動が主たる対象であったが、戦後は共産主義者、そのシンパ団体が対象となった。

(2) トロージャンホース
ギリシャ神話の「トロイの木馬」のこと。トロイ戦争において、ギリシャがトロイを攻めた際に、巨大な木馬に兵を忍ばせてトロイ城内に運び込ませ、侵入したことを指す。

日に至るまで、世界の国々に災厄をもたらしている陰謀に門を開いたようなものだとフーバーは批判しているのです。

浸透する共産主義

茂木　それから、チャプター三はクレムリンのアメリカ国民に対する攻撃です。まず、一九三三年頃は、アメリカの共産党員は一万三〇〇〇人だったんです。それが三八年になりますと八万人に増えている。一九三八年に非米委員会ができます。マーティン・ディースのチェアマンの下ですね。コミッティがいろいろなレポートを出していきまして、共産主義者の国家転覆の謀略を次から次へレポートで明らかにしていってるんですね。共産主義者は、いろいろなところに浸透していくわけですね。政府の機関に入っていく。と同時に、労働組合、それから学校で破壊的なフロントを作っていく。それから、パスポートの偽造。こういうことを盛んにやる。ロシア大使館は、そういうスパイ活動、謀略活動のヘッドクォーター（中枢）になっている。ルーズベルトはディース非米委員会委員長にこう言ってます。コミュニストについていろいろ調査をするというのは「とんでもない間違い」だと。つまりルーズベルトは、共産主義者の庇護者です。パールハーバーのちょっと前に、このディースがルーズベルトに「共産主義者が政府に二〇〇〇人もいて、彼らの目的のために謀略を働いている」と話したら、これまた面白いんですけど、ルーズベルトはディースの事を「自分のベッド（bed）の下にはアカ（red）がいるって、毎日毎日思ってる」。つまり何を見ても、これはアカだ、これもアカだと言ってる。そういう言葉でけなしている。

藤井　「レッド」と「ベッド」ってシャレですね。

茂木　そのぐらい彼は無警戒だった。

藤井　むしろ同調者ですよね。ルーズベルトはほとんど、社会主義者でしょう。

茂木　政府機関の中に入ってるコミュニスト・メンバーのリストアップを本の中でしてるわけです。これについては、非米委員会で五つのレポートを出してます。ロシアの活動に対して調査委員会ができるんです。さらに上院が六つレポートを出してますね。レポートを見ると、あらゆる重要な部署に共産主義者が入り込んでいて、そういう職員たちが今度はアメリカから世界へのミッション（使節）を出す。例えばロシア、ドイツ、フランス、イタリア、イギリス、ラテンアメリカ、チャイナって書いてあります。世界中へのミッションの中に、みんな共産主義が入ってるとい

ウィテカー・チェンバース

うことを、このレポートが明らかにしてるんですね。

まず三七人のリストがあります。これは共産主義者である事を自白したメンバーのリストです。この中で、チェンバース[3]って大物のジャーナリストも、転向して告発しているんですよ。そういうのが切っ掛けになって、いろいろなところに波及して行く。三頁目にいきますと、今度二二名。明らかにこれは共産主義者であったと判明している。マッカーシーは後年こういう情報に基づいて告発してるんですよね。

フーバーもこういったレポートに基づいて書いている。これだけはっきりしてるのに、全部葬っちゃうんですよ。日本のマスコミと同じです。「ニューヨークタイムス」なんかが、嘘だと。あとになって全部本当だということが明らかになるわけですけど。もちろん自白しない、まだ

(3) **ウィテカー・チェンバース** (1901-1961)
アメリカのジャーナリスト。アメリカ共産党のメンバーであり、ソ連のスパイであったが、転向し、非米活動委員会で証言した。

バレない共産主義者というのがいっぱいいるわけですけどね。

アメリカの破壊を策謀するコミュニスト

茂木　第五章はコミュニストフロント。共産主義の活動方法としては、二つの主要な方法がある。一つはセルつまり細胞。(4) 細胞は組織の中へ入って、その中で秘密の委員会を作り、組織を崩していく活動をする。それが細胞活動ですね。もう一つは、フロント。フロントというのは、表面上は通りやすい名前をつけた団体を作って活動する。そのフロントについて詳しく、リストアップしてるんです。フロントは、合わせると一〇〇〇もできた。一九三三年のソ連の承認からです。これが大きかったんです。フロントの政治活動で一応承認された名前で活動しているのが六一。それからシビル・ライツ・フェデレーションつまり公民権関係の団体を看板にしたのが四七ある。それからカレッジ・ユニバシティー・スクール大学学校関係は四七、書籍関係で二四だとか、全部挙げてるわけです。その他たくさん載っているのを入れると、約一〇〇〇。「共産主義者はアメリカを解体し、ソ連の目的に合う国にする為にこういう活動

(4) 細胞
共産主義における政党・政治団体の基礎組織。支部。

をやってるんだ」というのが、まずこのチャプター五までの彼の共産主義論ですね。

藤井　フーバーはアメリカの愛国者です。アメリカの国の基本形、それは憲法論で一番よく出ている。つまり、ハミルトン・フィッシュなんかもそうですけども、アメリカは自由のために建国したのだ、というのが基本です。自由というのは、政府からの自由というのも大事であって、「小さな政府」(5)がいい。国民の自由な活動をコントロールするのは政府の役割じゃない。それがアメリカの保守の源流の考え方です。その考えはアメリカのコンスティテューション、憲法に一番よく表れている思想です。

そもそもルーズベルトがやった社会主義的な政策は、議会の権限を無視し、行政府を大きくし、単純に言えば大統領権力をどんどん肥大させるわけですよ。それ自体がもう憲法違反であって、アメリカの国体を革命的に破壊するものであるという認識が、フーバーやフィッシュにはある。極端に言えば外国の政府はもちろんだけど、自国の政府にも干渉されないで、自分が自由に生きるという体制を保証する。そこがアメリカ合衆国がヨーロッパの国の成り立ちと全然違うところです。これは一種のアメリカ原理主義だと思うんです。それは保守とか革新とかを問わず、アメ

(5) 小さな政府　民間への介入を最小限にする政策を取る政府。自由主義思想を基礎とし、夜警国家とも言われる。

リカという国の原点のはずです。ところが、そういったものが見失われてくる。

もちろん一番の敵は共産主義ですよ。共産主義というのは、政府というものが社会のあらゆる面を、全体主義的にコントロールすることですから。だから絶対にこれとは相容れない。ところが、ルーズベルト政権とともにというか、一九三三年のソ連邦承認とともに、表からドアを開けてどんどん共産主義が侵入してくる。細胞活動で謀略をするだけじゃない。フロント戦略というのは要するに連合戦線方式ですよね。戦争反対という目的で、支持者を集める。良心的な保守主義者も、戦争反対だって言ったら来る。中国を助けようとかね。あるいは社会福祉、あるいは黒人解放のシビルライトの文脈でやっていく。本音は共産革命。だけども表向きは、社会のだれもが広く受け入れられるような、大義をかかげ、まさにフロントを広げて、どんどんオルグしていく。

そうやってアメリカがどんどん建国の精神からはずれて、おかしな方向へ、言わば国体が破壊されてきたということに対し、フーバーは愛国者として、どうしても我慢できない。共産主義はアメリカという国の根源的なありように最も相反する。当然ナチズムとも相容れないけれども、共産主義はもっと相容れない。アメリカはキリスト教を基盤にできている社会ですから、神なき共産主義、唯物論は原理的に相容れない。政府の形としても、国民の自由を守るために、アメリカの国家というものは誕生したはずだというところから言っても、相容れない。

アメリカが生まれた時は、小さな政府を守るということがリベラルだった。ところがルーズベルト革命と言いますか、ルーズベルトのニューディール政策によって、リベラルというのは大きな政府の支持者という意味になった。単語の意味が完全に変わってしまうのですね。だから今アメリカでは、リベラルというのは、左側、大きな政府支持です。コンサバティブは小さな政府支持です。これはオリジナルのリベラルという言葉の意味が、非常に変わってしまったからです。

茂木　皮肉なことに、共産主義者というのは、それこそ自由だとかね、デモクラシーとか、そういう言葉を看板に使ってるんですよね。本音は逆なんですが。

戦争を画策し利用する共産主義

茂木　フーバーは、騙されているアメリカ人に対する警告のために、こういう章を設けて包括的に論じている。共産主義の正体はこうだと、ここで示しているんだと思うんですよね。表面的にはだれにでも受け入れられるデモクラシーや人権、これを表に出してくるわけです。今でも人権を表に出して、日本の過去を断罪する活動をやってるわけ。ある意味じゃアメリカでも似たようなことはずっとやられていたということです。

藤井　自由とか人権は、本当のマルクス主義者からすれば、ブルジョア民主政治のお約束事であって、本音では否定なんですよね。本音はプロレタリア独裁で、個人の自由なんてものは政治的にも社会的にも認めない。ところが彼らは現体制を破壊するためには最大限、そういったものも利用していく。

稲村　やはり日本の中でも、共産党とか、あるいは北一輝[6]の国家社会主義の路線があり、思想的なところで非常に揺らいだ時代だろうと思うんです。ですからそれが満州事変だとかにつながっていく時代の分かれ目です。その時代から既に、ハーバート・フーバーは共産主義の実態、ある種の恐怖政治のようなところにも着目している。その点は、日本は甘い。和平を求めてソ連のスターリンにアメリカとの仲介を頼む[7]なんて、そもそも出来もしないことをやらざ

---

(6) 北一輝（1883-1937） 日本の国家社会主義者。佐渡出身。思想を述べた著書『日本改造法案大綱』などにより、二・二六事件の理論的指導者であるとして、事件後に死刑判決を受け、刑死する。

(7) スターリンにアメリカとの仲介を頼む 対米英戦において敗色が強まる一九四五年四月、鈴木貫太郎内閣は日ソ中立条約に期待し、条件付き降伏交渉の仲介をソ連に打診した。だが、ソ連はヤルタ会談を経て対日戦争に入ることを決定しており、仲介の打診を拒絶した。

るを得なかったというか、共産主義の本質に対する理解が、日本の当時の政治指導者には乏しかった。反共だというスローガンはあっても、実質は理解できていなかった。ソ連に和平の仲介を頼むのは馬鹿げている。それは戦後も続いていて、ソ連が崩壊するまで、日本の中で共産主義を賛美する人がいかに多かったか。中国共産党に対しても同じですね。戦後七〇年たって、もう一回共産主義とは何かを考えるべきです。特に第二次世界大戦という環境の背景には、共産主義の浸透があったということ。しかもアメリカでの浸透があって、それに呼応するかのように日本もコミンテルンの動きがあった。それが戦争に至る環境であったということは、今から考えても非常に新鮮な見方ですね。

アメリカも、ハーバート・フーバーの時代と違って、また甘くなってるのではないでしょうか。米ソの激しい対立があったが、今度は対中国、共産党を少し甘く見ている気がします。ルーズベルトがソ連を承認したと同じように、キッシンジャーとニクソンが中国共産党を承認したのも、同じような轍を踏んでいるんじゃないかなという気がしてしょうがありません。

藤井　そうですね。ニクソン、キッシンジャーの場合は、ルーズベルトの二の舞だったと思います。アメリカはニクソンのとき、とにかくベトナム戦争の泥沼から足を抜きたい。そのときに非常に大きな錯誤があったのは、ベトナム戦争をやらせているのは中国だという考えだったんですね。中国がバックアップしてやらせていると考えていた。そうじゃなくて、ホーチミンはベトナムの民族独立(8)のために戦ったのであって、共産主義を広めるために戦ったわけじゃない。しかも、ニクソンは中国とベトナムは仲が悪いということを全然知らないわけですね。ベトナムからは手を引くけれども、中国は革命輸出をしないと約束させれば、アメリカはうまくベトナムから脱出できるという考えだったわけですよね。ところがとんでもなくて、最終的には北ベトナムはベトナム統一が目的だから、アメリカが引けば南ベトナムは北ベトナムに統一されてしまう。中国とベトナムは仲が悪くて、一応共産主義という看板ははずしてないから戦争の最中も協力していると思われたけれども、実は中国はベトナムに対してものすごい嫌がらせをやっていた。ソ連はベトナムを支援したわけですが、中国が物資輸送の貨物を通さない。異常なハラスメントをやって、ベトナム

(8) ベトナムの民族独立
ホーチミンはベトナム労働党を率いて、フランスからの独立に奮闘した。フランスがベトナムの植民地主義支配を諦め撤退した後、アメリカは南部に成立したベトナム共和国の本格的支援を開始する。カトリック教徒である当時のケネディ大統領はベトナムのカトリック信者の保護に関心があったと伝えられている。北ベトナムは南ベトナムに民族解放戦線を組織し、終にアメリカを追い出し、統一に成功した。

政府は煮え湯を飲まされ続けた。その点がわからないまま、北京を押さえればベトナムを押さえられるという、全くの錯誤の下でキッシンジャーの外交が動くわけですね。それが露呈したのが七九年の中越戦争。(9) ベトナムと中国は、こんなに仲が悪かったのかとみんな驚くわけですね。周恩来とか毛沢東の詐術というのは大したもので、自分たちがあたかもベトナムをコントロールしているかのような印象を与えて、アメリカから取るものを取った。

その中に、台湾問題があるわけです。要するに「一つの中国」を中国共産党はアメリカに押し付けようとしたのです。ニクソン訪中前、一九七〇年から七一年頃の中国は、アメリカともソ連とも対立して、中国共産党は崩壊の二、三歩手前まで行ってるわけですね。そのとき、アメリカが（ソ連を一九三三年に承認したのと同様に）中国と手を結んでしまったため、中国は力をとり戻してしまう。中国はアメリカ帝国主義とソ連の覇権主義の両方を批判していたのが、アメリカ帝国主義のほうと握手しちゃうわけです。経済的にもよくなる。毛沢東の側が最初にアメリカに関係改善を打診したという事が分かっています。

---

(9) 中越戦争
一九七九年に、中華人民共和国とベトナム社会主義共和国の間で行われた戦争。ベトナムの隣国カンボジアのポル・ポト政権がベトナムの侵攻で崩壊。それに対し、カンボジアを支援していた中国は、懲罰的にベトナムへ軍事侵攻を開始。中国軍は多大な損害を出して一か月足らずで撤退した。

実は中国共産党の本音で言えば、大陸国家としてのロシアのほうがはるかに脅威なんであって、アメリカの脅威というのは直接じゃないわけです。ベトナムを利用してアメリカに一つの中国、ワンチャイナなんてことを認めさせようとして、アメリカは不要の妥協をしてしまう。アメリカは「一つの中国」を認めた訳ではありませんが、中国の言い分を認めた様な印象を与えてしまいます。これが今日まで、大きな問題となっています。（詳しくは藤井厳喜著『紛争輸出国アメリカの大罪』一九九～二二〇頁参照）

中国共産党の野心

藤井　ニクソンはやらなくてもいい大きな妥協をした。ニクソン外交のころのアメリカの力から言えば、台湾の独立を認めろと中国に言ったら、中国は受けざるを得なかったと思います。

それが七九年、カーター政権になってからは国交も正常化する。その前の七二年には、米中が相互に連絡事務所を開いた。そのときにアメリカは大きく妥協をしているわけです。その延長線上で、七九年にカーターが、中華人民共和国を正式承認

ジミー・カーター

してしまって、台湾との外交関係を完全に切ってしまう。そのために、台湾を守るということが難しくなってきているわけです。実は七九年には鄧小平は国家を承認してもらう代わりに、台湾には手を着けないという内諾をホワイトハウスでしているのです。ところが、そういう口約束は今、全く無視されている。そのくらい禍根を残す決定を、三三年のときと同じく、ニクソン、キッシンジャーやカーターはやったと思いますね。

稲村　ジミー・カーターは朝鮮半島からの米軍撤退を主張したこともある。

藤井　そうです。あれは一九七六年に大統領選挙に出たときからのカーターの公約なんです。大統領になってからやると言ったけど、共和党、民主党両方、外交政策にかかわった人たちみんな連名で公開アピールを出してストップしたという経緯がありました。

稲村　朝鮮半島もやっぱりアメリカとソ連の妥協の産物で分断されたわけです。

藤井　現在、中国が明らかにアメリカの覇権にチャレンジし始めた。ＡＩＩＢ(10)というのはかなり決定的ですよね。ＡＩＩＢはアメリカの金融覇権・ドル覇権へのチャレンジです。南シナ海を埋め立てるのも、あれは公海ですから、公の海を全部乗っ取っちゃうという軍国主義です。周りも反発するし許しがたいことだけれども、アメリカから見れば遠い場所ですよね。だけどＡＩＩＢというのは、アメリカのドル基軸体制にチャレンジするということです。米中新冷戦は決定的だと思います。ブレトンウッズ体制、つまり、アジア開発銀行があり、世界銀行があり、ＩＭＦがある。それに対して、堂々と表玄関から野心を隠さず中国はチャレンジした訳です。これはアメリカは正面から受けて立たざるを得ません。

戦後の混乱と共産主義の膨張

藤井　フーバーは、アメリカの本当の保守主義者と言いますか、愛国者として、共産主義に対する脅威を非常に明確に認識していた人です。ルーズベルト時代は共産

(10) ＡＩＩＢ　アジアインフラ投資銀行（The Asian Infrastructure Investment Bank）。二〇一五年九月現在、中国が提唱、主導する形で設立を目指す。既存の日米欧主体の国際金融秩序から、中国を中心とする金融秩序形成を図る。途上国のインフラ投資をターゲットにする。

主義にアメリカがどんどん浸透された。外交政策ではソ連を友好国、同盟国としてしまって、それであとは下部組織がどんどん侵入し、アメリカの「国体」が失われてしまう。見えない革命が起きている。それがまさに『FREEDOM BETRAYED』というタイトルになっている。

稲村　日本も似たような状況ではあります。

藤井　そうですね。日本を弁護してくれているところに、われわれはフォーカスを当てているんだけど、フーバーからすれば、日本を弁護するということは、必然的に、共産主義と戦うということです。日本はアジアにおける共産主義への防壁ですよね。それなのに日本を戦争に追い込み、さらに潰してしまった。共産主義が広がるのは当然の結果ということです。

フーバーとマッカーサーとの対話は、昭和二一年五月の四日、五日、六日に行われてます。マッカーサーだって日本に来てみたら、朝鮮戦争が起きて共産主義がそこまできちゃった。日本を潰したからこんなことになった、ということを、マッカーサーは肌身で感じたことでしょうね。

第二次大戦直後、蔣介石政権に対して、マーシャルが特使で中国に行くわけです。トルーマン政権はマーシャル経由で蔣介石に対して、共産党と連立政権を作って内戦をやめろと言う。そのうちに、スターリンのほうがどんどん援助して、共産党が優勢になり、中国大陸では蒋介石政権も崩壊してしまう。日本をつぶしたんだから、今度は蒋介石を援助して共産主義の南下を防がせたら良かったのに、それもしなかった。蒋介石は当時はソ連と同盟を結んでいました。息子なんかモスクワに留学させている。そういう状況だから、共産主義に対する幻想がまだあって、「共産党と国民党の国共合作でやってきたんだから、統一政府を作れ、そうしないと援助しないぞ」とトルーマンが言ってるうちに、共産党のほうが革命をやる。共産主義はますます広がって、結局中華人民共和国になってしまう。そこら辺のことも、マッカーサーと話したという事が、フーバーの本に記述されていますね。

稲村　台湾では、国民党に抵抗しようとした旧日本人としての台湾人が大量に抹殺された。抹殺した連中は、和解の動きはあっても、だれ一人として責任追求がされていない。

藤井　台湾の二二八事件(11)ですね。日本は、まだサンフランシスコ講和条約を結ぶはるか前で、台湾に蒋介石、国民党軍が来て、日本を武装解除した。日本は撤退せざるを得ない。だけどそこにいた日本国民が殺されている。数万と言

---

(11) 二二八事件　一九四七年二月、台湾で発生した国民党による台湾人の大量虐殺事件。日本国籍を有する本省人（台湾人）女性への外省人（在台中国人）による暴行を発端とし、全国的な大虐殺となった。

二二八事件

われています。彼らは、台湾人ですが、サンフランシスコ平和条約で日本が正式に台湾を放棄するまでは、日本国籍を留保していたと考えられます。蒋介石が、支那大陸にいた将兵や一般の日本人を無事に帰国させてくれたから恩義を感じるべきだと言っている人がいますが、ウェデマイヤー回顧録を読むと、あれをやったのは全部ウェデマイヤーです。兵隊と民間人と合わせて三九〇万ぐらいいたそうです。米軍の船を優先的にそっちに回したと言うんです。同時に、ウェデマイヤーは、満州に七個師団派遣しろとワシントンに言った。ソ連が南下してくるのをストップしなきゃいけないから。それをやらないもんだから満州が一気に取られた。一九四七年にも、ウェデマイヤーは蒋介石を援助しろと提言した。このとき、アメリカが援助してりゃ、揚子江の線で止められたんじゃないか。北は共産中華人民共和国だけど、南は中華民国が残ったんじゃないか。フーバーも全く同じような目で見てますね。もしそうなっていれば、朝鮮戦争は起こしがたいですし、ベトナム戦争も起きなかったでしょう。少なくとも、朝鮮戦争、朝鮮戦争は防げたと思います。満州でソ連を食い止められていれば、北朝鮮という国はできなかったわけですから。

フーバーが記載していますが、第二次大戦の終戦処理を誤り、必要のない無条件降伏にこだわったために、戦争を非常に悲惨なものにしただけでなくて、共産主義にますます突けいれられてしまった。早く日本と終戦すればよかった、とフーバーは言っています。一九四五年の五月の半ばにフーバーはトルーマンに対してメモランダムを書いた。もう日本はギブアップなんだ、と。五月ということはナチスドイツは降伏している。もう日本はいつでも終戦する状態。無条件降伏なんて言わないで、はやく停戦合意、和平すべきだとフーバーはトルーマンに勧告した。満州と中国から手を引けということは、日本は受け入れざるを得ない。それを早くやってたら原爆も落ちていないのに、ということをフーバーは非常に鋭く指摘している。とても大事なところだと思います。

茂木　フーバーはそういう点で、今から見て非常に妥当なことを言っている。しかも後から言っているだけでなく、当時、警告をちゃんと出してるんだよね。

藤井　オンタイムでね。ちゃんと行動もしている。

茂木　もう一度見直したいのは日本に対する見方ですね。日本が中国大陸を侵略しているという見方は、フーバーも同じですよ。その見方は、アメリカの当時の一般論とほぼ同じ。これがフーバーの一つ大きな問題だと思っていて、これは彼が日本に来たことがなかったというのが大きな理由になっていると思いますね。朝鮮には彼は技術者として行っている。朝鮮の実態については、日本併合以来ものすごく発展し、住民の生活が向上していると素直に書いている。だから同じように日本に来て政治家と話をしたりしていれば、中国に対する日本の行動についても、もっと別な見方を持ったんじゃないかと思います。

アメリカにおける中国の影響力について考えてみると、共産党とアメリカのＹＭＣＡが組んだ、これが大きい。そういう環境の中で、今度は宋美齢[12]が蔣介石の宣伝を行う。中国を助けて日本の侵略をやめさせるという大きな組織を作る運動をやるわけです。これに共産主義者も入ってる。それに中国の一流の外交力が加わったと見たほうがいいんじゃないかと思います。

稲村　日本の情報宣伝力というのは、当時もゼロ。私は情

(12) **宋美齢**（1897-2003）蔣介石の妻。中国国民党中央委員会委員。中国国民党中央委員会委員。浙江財閥の裕福な家庭に生まれ、アメリカ留学などで親米派に、また父がキリスト教の宣教師であったことから自身もキリスト教の布教に努める。F・ルーズベルト大統領や妻エレノアと親密な関係を構築し、日中戦争から第二次世界大戦に至るアメリカの対日政策に大きな影響を与えた。

報戦争と政治宣伝に負けたんじゃないかと思いますね。

ルーズベルトという狂人の欲望

藤井　この本のドキュメント九、八三三頁から八三四頁ですけれども。

稲村　終戦後すぐのフーバーの来日というのもすごいですね。

藤井　そうですね。昭和二一年の五月の四日、五日、六日です。フーバーが直接来た理由は、食糧援助の調査です。調査に来ると、マッカーサーは、もっと日本に食糧援助を送ってくれと要望している。

稲村　フーバーは食糧援助は得意中の得意なんです。

茂木　世界中でやってるんですよね。

藤井　大変な人道主義者であるわけです。ここのところ、大事です。フーバーが「日本との戦争の全体が戦争に入りたいという狂人、マッドマンの欲望であった」と述べたところ、「マッカーサーも同意した」という。それから「マッカーサーは以下のことにも同意した」という。それは「一九四一年七月の金融制裁は挑発的であったばかりでなく、日本がその制裁が解除されなければ自殺行為になったとして

ラダビノード・パール
／写真・アフロ

も、戦争をせざるを得ないような状態に追い込んだんだ」という認識です。その点にも合意したし、さらに「制裁は殺戮と破壊以外のすべての戦争行為を実行するもので、いかなる国といえども、品格を重んじる国であれば、我慢することはできなかった」と。この点についても、マッカーサーは完全に同意した。マッカーサーはそうだ、そうだと言った。これはパール判事(13)と同じじゃないですか。

茂木　そう。これはものすごく大きいですよ。

藤井　「さらにマッカーサーは言葉を続けて『ルーズベルトは一九四一年の九月に近衛と和平を達成できたはずだ。そうすれば太平洋と中国の自由、そして恐らく満州の自由を確保するというアメリカの目標をすべて獲得出来ていたに違いない』と言った」とフーバーは記しています。日本は決してアメリカと戦争したくなかったんですね。「またマッ

---

(13) **ラダビノード・パール**（Radhabinod Pal, 1886-1967）インドの法学者、裁判官、国際連合国際法委員長。東京裁判において、「平和に対する罪」と「人道に対する罪」は戦勝国が作った事後法であり、国際法に反するという理由で、被告人全員の無罪を主張した。

カーサーは『近衛は天皇から完全撤退に合意するとの承認をもらっていた』と述べた」とも書いている。これは確かめて言ってるんでしょう。ですから、なんで日本を追い込んで戦争したのか、おかしい、という事です（「近衛が天皇から、日本軍のシナ大陸からの完全な撤退の了承を得ていた」というのは、日本側の史料では確認できないように思われるが……）。

茂木　そうですよね。

藤井　ルーズベルトの事を「madman」って書いてあるからね、はっきりと。さらに、ルーズベルトはプロ共産主義の、アメリカを転覆させるような奴だったと、書いている。

茂木　そこがこの本の一番の心臓部ですよ。

藤井　逆に言えば、大して日本のことを知らなくて、当時一般に言われていた、「日本は軍国主義で中国を侵略しているんだ」と思っていたフーバーでさえ、このくらいのことは見抜いてたんだ。ところが、政治力で国民を騙す力というのは、ルーズベルトや左翼はすごい。だからいまだにルーズベルト神話が消えないのでしょう。

第二次大戦はアメリカにとっても正義の戦争ではなかった！

藤井　ドキュメント九のナッシュの前書きを読むと、フーバーを修正主義者revisionistとはっきり呼んでますね。

茂木　そのrevisionist論について。要するにアメリカではそういうことを言うのはrevisionistだと批判される、というので通っちゃってる。逆にrevisionistが何が悪いんだ、おかしなことじゃないと主張してもいい。

藤井　歴史は常に見直さなきゃいけないという点からすると、当然です。

茂木　レビュジョニズムを歴史の歪曲みたいに言ってる、この論がおかしい。フーバーはこんなに資料に基づいた歴史を書いている。この人がrevisionistだとしたら、revisionistというのは正しい人だという意味になる。

藤井　今はrevisionistというのはイコール悪、歴史を歪曲する人たち、という意味になってるんだけど、全然そうじゃない。歴史は新しい証拠とともに常に書き換えなければならない。「ルーズベルト神話」「第二次大戦はデモクラシーとファシズムの戦いだった」と、そういうことになっちゃってる。そのほうがよっぽど歴史を歪曲している。だけど、このフーバーみたいな見方はアメリカの保守の中にずっとある。それは、グラスルーツ・コンサーバティブ、草の根保守と言われている人たちの考え方です。フランクリン・ルーズベルト批判というものは、ずっとあるわけ。なかなか表には出ないけれどね。

最近日本で有名になった、テキサス親父のトニー・マラーノ[14]さんなんか、グラスルーツ・コンサーバティブの典型的なタイプですね。ブッシュ・ジュニアの二〇〇五年五月七日のヤルタ協定を批判した演説は結構フーバーに近い。彼がラトビアの首都リガでやったスピーチですよ。この頃一番ブッシュは元気よくて、アフガン戦争に勝って、まだイラクの戦争の泥沼に入ってなかった。アメリカの現役大統領として、珍しくヤルタ批判をやったんですよ。これについては既に述べた通りです。

ブッシュのヤルタ協定批判は一〇年前です。北方領土の問題も東京裁判もヤルタ協定から来ているわけでしょう。これを現役大統領が批判したということは大変なことです。第二次大戦がアメリカの正義の戦争だったなんて嘘だ、と

(14) トニー・マラーノ (Tony Marano、1949-) アメリカの作家・評論家。テキサス州在住。動画サイトを中心に評論活動を行う。慰安婦問題や捕鯨問題などで、日本を擁護する発言を行っている。インターネットユーザーからは「テキサス親父」の愛称で呼ばれている。

いうのがフーバー的な見方。だからブッシュはフーバーの流れの歴史観を持ってるんですよ。ヤルタ・ポツダム体制を当たり前だと思って、日本はがんじがらめにされてきた。戦後の温室の中で育った日本人は、そういう意味がわかってない。

稲村　その話は、今のロシアのプーチンの正統性にもかかわってきますね。フーバーのこの本は恐らく、アメリカ人にとっても衝撃的な本なんです。

ウェデマイヤー将軍の回想——第二次大戦に勝者なし

藤井厳喜

この論文は著者が拓殖大学・日本文化研究所発行の『季刊 新日本学』第二号（二〇〇六年秋）、第三号（二〇〇七年冬）、第四号（二〇〇八年春）に連載した「ウェデマイヤー回想録を読む」（1）（2）（3）を若干の補筆・修正を加えて再録するものである。

大戦回顧録の白眉

ウェデマイヤー将軍の回想録は、自身が戦勝国軍中枢部にいたにもかかわらず、きわめて冷静に客観的に事実を見つめている点において、大戦関係の回想録の中の白眉といえる。

アルバート・C・ウェデマイヤー（Albert.C.Wedemeyer）米陸軍大将の回想録が講談社学術文庫に上下二巻で収録されている。

『第二次大戦に勝者なし：ウェデマイヤー回想録』妹尾《せのお》作男《さだお》訳である。本書は昭和四二（一九六七）年秋、読売新聞より刊行され、平成九（一九九七）年六月講談社学術文庫より再上梓された。原著は昭和三三（一九五八）年一一月、アメリカで刊行された『Wedemeyer Reports!』である。

本書は日本の国益を真剣に考える者にとって、究めて貴重な内容を含んでいる。日本の外交と大戦略とは如何にあるべきかと問う者にとって、第二次大戦の本質は何であったかと研究するものにとって、本書はかけがえのない歴史の証言集となっている。小論では、この回顧録を読み、筆者が勉強になったと思う要点について、アトランダムに記し、本書の簡単な紹介としたい。そこに自ずと、小生の歴史観、アメリカ観も顕れてくるものと思われる（以下、便宜上、年表は凡て西暦とする）。

ウェデマイヤー将軍は、筆者が「アメリカの保守本流」と呼んでいる所のアメリカの穏健保守派の人々を代表する人物である。彼は米軍の最高中枢部にはいたが、常にフランクリン・ルーズベルト政権の対日・独戦争挑発政策には反対であったし、開戦後はルーズベルト＝チャーチルの戦争指導方針、特に彼らの無条件降伏要求（日独に無条件降伏を求める政策）には強い忌避感を有していた。

大戦は回避できた

ウェデマイヤー回想録を読者に薦める第一の大きな理由は、日米戦争が、いや米独戦争ですら十分に回避可能であったことを知ってもらいたいからである。しばしばアメリカのオレンジ計画の話を持ち出して、アメリカの対日戦争挑発が必然であったとする主張に出会う。しかしこれは木を見て森を見ずの愚論の典型的なものである。アメリカはソ連ともドイツともフランスともそしてイギリスとすら戦う計画を建てていた。国際政治においては、かってチャーチルが指摘したが如く、自国以外は全て仮想敵国なのである。日本帝国海軍にとって、日露戦争後は常に米国海軍が仮想敵のナンバー・ワンであった。国家というものは、軍というものは常にそういうものである。だからといって戦争が常に必然であるという訳ではないのである。

真珠湾奇襲の愚行

アメリカの対日戦争挑発は、あくまでルーズベルト政権という極左・容共（親あった。

共）政権であるが故に採用された政策であり、歴史の必然でも不可避でも何でもなかった。当時のアメリカ大衆の圧倒的な部分は、既にヨーロッパで開始されていた第二次世界大戦へのアメリカの参戦に反対であった。リンドバーグ大佐の「アメリカ第一・委員会」の活動はきわめて広範な影響力を有していた。リンドバーグほどの確信はないにしろ、アメリカ国民大衆の中立指向・厭戦意識は圧倒的なものであった。

更にウェデマイヤー回想録によれば、外交・軍事にかかわる政策エリート（政治家・外交官・軍人）の中でも、参戦論者は少数であった。特に、確信的な参戦論者はごく少数であった。しかし日本にとって不幸なことに、この超少数の反日・独論の信奉者の中に、ルーズベルト大統領その人と、その側近が含まれていたのである。

同回想録は、日本にとって一九四一年の時点で、いかに対米戦が回避可能であったかを、そして真珠湾奇襲がいかに愚かな行為であったかを余す所なく明らかにしてくれている。真珠湾攻撃は、戦術的には大成功であったが、戦略的には取りかえしのつかぬ超大失敗であった。これを立案実行した山本五十六と、これを承認した東条英機の〝愚〟は、末長く日本国民の反省の糧とならねばならない。窮地に陥っていたルーズベルト、スターリン、チャーチル、蔣介石等を、一挙に救済してしまったのが真珠湾攻撃であった。

以下の論を進める前に、歴史論に「もし」を持ち込む事の意義を強調しておいた方がよいであろう。歴史に「もしあの時、こうしていたら」という発想を持ち込む事は不毛であるとの論がある。俗説である。今もしこれを「個人も国家も過去を反省し、歴史から学ぶ必要は全くない」と言いかえたらどうであろうか。愚論である事誰の目にも明らかであろう。慎まねばならないのは、過度の感情的反応、悔恨の情に溺れる事である。必要なのは冷静な戦略的反省である。

歴史にできるだけ多くの「もし」を問う事によって、自ずとシミュレーション的発想が身につく。そして未来において正しい判断ができるようになる。本来、未来において正しい判断を下す為にこそ、歴史に多くの「もし」を問うのである。

個人も組織も、成功からよりも、失敗からこそより多くを学べるものである。戦勝よりも敗戦からこそ多くを学べる筈である。その意味で、大東亜戦争の敗戦からこそ我々は、多くを学びとり、未来への教訓とすべきなのである。その学習に際し、ウェデマイヤー回想録は非常に有効な資料そして導き手となるであろう。

ウェデマイヤー将軍の略歴

さてウェデマイヤー将軍の主張を見る前に、同氏の略歴を紹介してみよう。アルバート・C・ウェデマイヤー将軍は、一八九七（明治三〇）年米国中西部のネブラスカ州の生まれである。アメリカ人を論ずる場合、そのエスニック・バックグラウンドを正確に見ておく事が必要である。

父はドイツ系、母はアイルランド系である。筆者に言わせれば、これを見ただけでも、同氏のイギリス（イングランド）嫌い、チャーチル嫌い、親ドイツ感などが理解できる。もっとも同氏は自らの主張はあくまでアメリカの国益を考えてそうだったのであり、氏の主張が氏の血脈から生じている、という単純な出生決定論を否定している。さはさりながらそもそも氏がこのような背景から生まれ、育っていなかったならば、イギリスやドイツを冷静かつ客観的に評価することはできなかったであろう。

父方の両親（祖父母）はドイツのハノーバー市付近で生まれた。祖母はフランスのユグノー（プロテスタント）の子孫である。祖父母はドイツで結婚した後一八三〇年アメリカに移民し、南部ジョージア州のアトランタに定住した。祖父は南北戦争で南部側について戦い抜いた。この経緯からして、ウェデマイヤーは中西部ネブラスカで生まれ育ったものの、南部人への同情があり、北部人（ヤンキー）特にそのリベラル派（その典型がF・ルーズベルト）への反感があったものと推測できる。

母方の祖父母はアイルランド生まれで、アメリカに移民し、ネブラスカ州に定住した。母方の祖父マイケル・F・コディは南北戦争を北軍方で戦った。彼は陽気なアイルランド人で酒豪であったという。アイルランド系はアメリカにおける後発移民グループの一つである。母がカトリックであったか、プロテスタントであったかについては、氏は何も述べていない。氏自身がプロテスタントであった事はほぼ確かであるが、何派協会に属していたかも不明である。

一九二五年デイド・エンビック嬢と結婚。義父スタンレー・D・エンビック将軍はスコットランド系ドイツ人。エンビック将軍の先祖たちは独立戦争前にアメリカに渡った人々で、移民としては古い方である。

彼の出自、また妻方の血筋からして、ウェデマイヤー氏は反ナチスではあったが、ドイツには親しみを感じていた。一九一九年ウェストポイント陸軍士官学校を卒業、一九三六年アメリカ陸軍大学卒業、一九三六〜三八年ドイツ陸軍大学留学。この独陸大での研修が、軍人として最も得る所が多かったと後に回顧している。

アメリカ陸軍大学で私は、最新の軍事科学について大いに習得した。しかし、私が真の戦略家として本格的な教育を受けたのは、一九三六年から三八年にかけての二年間で、ドイツの陸大に学んだときにはじまった。このドイツへの留学は軍人としてもっとも得るところがの多い任務であり、私が一九四一年（昭和十六年）はじめ、参謀本部の戦争計画部勤務を命ぜられるようになったおもな理由は、この留学にあったことはいうまでもない。

ドイツ陸軍大学では、のちに第二次大戦の初期、ドイツ軍に輝かして戦果をもたらした機械化部隊や航空部隊に関する新しい戦術を習得する機会を与えられたばかりでなく、国際問題や世界の緊張した紛争の真相について、広く深く理解することができるようになった。私はドイツ陸軍大学に留学したおかげで、アメリカの陸軍大学で研修した軍事学という狭い視野から、戦争目的を達成するために必要な政治的、経済的および心理的手段を含めた広い戦略学を研究する機会に恵まれた。（『第二次大戦に勝者なし：ウェデマイヤー回想録』講談社学術文庫上巻一一四～一一五頁、以下書名省略）

ウェデマイヤーは当時の独陸大を、米陸大よりはるかに優れたものと評価していた。

私は当時、アメリカ陸軍大学の二ヵ年の課程を修了したばかりであったので、つねに両国の陸軍大学を比較して考えた。そして、ドイツ陸大の教授法と教育内容に深い感銘を受けた。ドイツ陸大の教授法と課程内容とは、私の観察したところでは、アメリカ陸軍大学よりもはるかにすぐれていた。

アメリカ陸軍大学の教育は、ドイツにくらべて理論を非常に重視していた。さらにアメリカ陸軍大学の教官たちは、ドイツ陸大の教官ほど有能でもなければ訓練されてもいなかった。（上巻一一七頁）

「米陸大の教育は独陸大に比べ理論を重視していた」というのは隠やかな皮肉である。最も実践的であるべき軍事において〝理論的〟というのは〝劣っている〟と同義語である。

彼はドイツ陸軍大学で何人かの友人をつくったが、その中で特に彼が尊敬していた二人の友人、ベッセル・フライターク・フォン・ローリングホーフェンとクラウス・フォン・シュタウフェンベルグは一九四四年七月のヒトラー暗殺計画にかかわり命を落とす事になる。彼はこの事を回想録下巻第二七章で詳細に論じ、暗殺計画の失敗を惜しんでいる。

二年間のドイツ留学後本国に帰国した彼は陸軍参謀総長マーシャル将軍に見出され、参謀本部勤務となる。それ以降マーシャル参謀総長の懐刀として米軍の中枢部で大活躍する。一九四〇年始めから一九四三年の一〇月まで、米陸軍参謀本部・戦争計画部の政戦略班に属し、マーシャル参謀総長の側近として、数次にわたる米英首脳会談に列席し、その内幕を直接見聞している。

ウェデマイヤーが参謀本部で始めに取りかかった仕事は、第二次世界大戦に向けてアメリカの軍事生産力の総動員を画る「勝利の計画」の作成であった。一九四一年七月九日ルーズベルト大統領は「アメリカの潜在敵国に勝つために必要な全軍需生産量の見積もり」を作成するようスチムソン陸軍長官に命じた。この命令がマーシャル参謀総長から、戦争計画部長のジロウ准将を経て、ウェデマイヤー少佐に伝えられ、彼が勝利の計画作成の責任者となったのであった（上巻六一頁）。

なおウェデマイヤーによれば、「一九四一年一月ごろにはイギリスはアメリカの軍指導者たちと、英米間で相互協力の可能な軍事計画について、話し合う段階にまですすんでいた。だからアメリカが正式に戦争に参加するのは、ただ時間の問題と考えられていたのである」（上巻一四五頁）。

ところが真珠湾攻撃直前の一九四一年一二月五日、この「勝利の計画」の概要が米二紙（シカゴ・デイリー・トリビューンとワシントン・タイムズ・ヘラルド）によってスッパ抜かれてしまう。元来〝親独派〟と目されて来たウェデマイヤーに情報漏洩の嫌疑がかかり、彼はＦＢＩの取調べを受ける。嫌疑は勿論晴れたのだが、同氏には屈辱的な経験であった（上巻、第2章、第3章）。

実際彼は客観的に見て、ドイツびいきであったと言ってよい。彼はナチズムとドイツ人一般、そしてドイツ軍人を明確に区別してみており、その点において十分にドイツびいきであった。

彼はドイツ軍人の厳正な政治的中立性に強い印象を受けている。

私は、ドイツ滞在中、政治問題を持ち出して、ドイツ人の友人を困惑させないように注意した。実際に、ドイツ陸・海・空軍の軍人たちは、ナチス党員となることを許されていなかった。ドイツ陸軍大学での約二年間、私が毎日接していたドイツ将校たちは、その性格、能力、軍事関係の専門的な技量について、慎重に選抜された者ばかりであった。ドイツ将校たちは、その任務に対して勤勉であり、またきわめて熱心であった。彼らは政治問題について論議しないように注意されていた。時の政府に対してなんら害にならないような批判についても、それを行った者は、厳重な懲戒処分を受けたり、営倉にさえ入れられれか

ねない状況であった。（上巻八八頁）

またウェデマイヤーは、ナチズムとその反ユダヤ主義には強い反感を覚えながらも、二年間のドイツ留学の報告書の中で、次のようにも述べたという。

当時、ドイツ第三帝国が行なっていた施策のなかに、よい面もいくつかあった。たとえば、公共事業計画、芸術、音楽、科学の奨励、道路と通信施設の建設、下層階級の人びとを国費で海外に旅行させ、文化交流の機会をつくったことなどである。また私は、アメリカ陸軍省にドイツの兵術、訓練および新兵器の技術開発は、わがアメリカ陸軍より数段すぐれたものである、とドイツにとって好意的な報告書を提出した。（上巻九八頁）

彼はリンドバーグ大佐の「アメリカ第一・委員会」（America First Committee：America Firstとは「アメリカ優先」という事、つまりアメリカはアメリカ国内の事を優先して考え、すでにヨーロッパで始まっていた第二次大戦には参戦すべきではない、という孤立主義・中立主義の思想。第一委員会、第二委員会という意味での第一委員会ではない）には入会していなかったが、その主張には共鳴していたし、それを隠そうともしなかった。彼がドイツびいきと思われたのは、止むを得ぬ所でもあったろう。彼は自分が「ドイツ系アメリカ人なのでドイツびいきだ」と誤解された点について、次のように述べている。

私がドイツ系アメリカ人なので、それでドイツびいきなのだろうと疑っていた人びとは、アメリカ軍高級将校や最高指揮官たちのうち、多くの者がドイツ系出身であったことを無視していた。

いうまでもなく、グルーガー、ニミッツ、アイケルバーガー、オーレンドルフ、ストラトメーヤー、シュパッツおよびアイゼンハワーはドイツ系出身のアメリカ人であった。(上巻一〇二頁)

アイゼンハワーは言うまでもなく、ヨーロッパ戦線における連合軍最高司令官である。ウェデマイヤーの言葉を聞いていると、第二次大戦のヨーロッパ戦線の戦いは、大袈裟にいえばドイツ系ドイツ人と、ドイツ系アメリカ人との戦いであったと言えなくもない。ニミッツは「来るかニミッツ、マッカーサー」のニミッツ提督である。ニミッツは日本海々戦戦勝直後に東郷元帥に会って、東郷元帥を尊敬するようになり、第二次大戦後は戦艦三笠の復元、東郷神社の修復に尽力してくれたアメリカの真の武人である。

さて、マーシャル参謀総長の懐刀として、第二次大戦の最高レベルにおける戦略構築・戦争指導の任務に従事した後、ウェデマイヤーは一九四三年一〇月、連合軍東南アジア司令部（インド）に派遣され、司令官マウントバッテン卿の下で副司令官の任務に着く。一年後の一九四四年一〇月には、シナ方面のアメリカ軍総司令官となり、同時に蔣介石の参謀長にも就任する。敵は勿論日本軍である。このウェデマイヤーのアジア派遣は、左遷の匂いが濃厚である。というのも、彼は大戦略の問題で、イギリス首脳部、特にチャーチル首相と鋭く対立していたからである。

第二次大戦後、彼はシナ大陸の共産化を防ごうとするが失敗する。同氏の戦後の業績で我々日本人が忘れてならないのは、終戦時シナ大陸にいた日本人同胞三九〇万人（将兵一四〇万人、一般人二五〇万人）の早期内地帰還に関して、大いに尽力してくれた事である。

一九四〇年少佐であった同氏の昇進は以下の如くである。一九四一年中佐、一九四二年六月大佐、同年七月准将、一九四三年少将、一九四五年中将、一九五一年退役、一九五三年予備役名簿で大将に進級。一九八二年一二月九二歳で他界。

なおウェデマイヤー氏は、米国ナショナル航空会長であった一九六五年一〇月、台湾の帰途日本に立ち寄り、かつてシナ大陸で相対峙していた日本軍総司令官・岡《おか》村寧次《やすじ》大将と初めて会見している。両将軍会見の手配をしたのは、本回顧録の訳者・妹尾作太男氏であり、その事は本書上巻の「学術文庫版・訳者まえがき」に詳しい。

回想録の注目点

日本人の立場からしての、本書の注目点の主だったものを、まず列挙しておきたい。以下はいずれもウェデマイヤー自身の見解である。

(1) ルーズベルト大統領は、自らの公約に違反し、そして中立を望む米国民と米議会の意志を無視して、第二次大戦に参戦しようという固い意志を持っていた。その為、日本を経済封鎖に追いこみ、ハル・ノート（事実上の宣戦布告）で無理難題をふっかけ、日本の暴発を誘った。つまり、ルーズベルトはイギリスとシナ（蔣介石）を助け、第二次世界大戦にアメリカを裏口から介入させるという謀略に成功したのである。

(2) アメリカもイギリスも、何の為の戦争であるかという明確な戦争目的なしに、戦争を戦うという愚行を犯した。特に一九四三年一月にフランス領モロッコで行われた米英両巨頭のカサブランカ会談で決定した「無条件降伏」要求は、戦争を無用に長びかせ、不必要により残酷なものにした。

ドイツ陸軍大学で学んだウェデマイヤーからすれば、かの名著『戦争論』の著書クラウゼヴィッツが言うように、戦争とはある明確な政治目的を達成する為に戦われるべきものである。戦争の勝利は、それ自体自己目的化すべきものではない。戦争の勝利は手段であり、その手段によっていかなる世界秩序を達成すべきか、こそより重大な目的なのである。ところが、チャーチルもルーズベルトも、明確な見通しもなしに戦争の勝利のみを自己目的化するという愚行を犯した。

(3) そもそもアメリカはヨーロッパの戦争に関しては、イギリスに対して軍需物資の供与はしても、あくまで中立不介入の立場を守るべきであった。ナチス・ドイツと共産主義ソ連という二つの全体主義国家同士の共倒れを狙うのこそ、アメリカの大戦略であるべきであった。二つの全体主義が倒れかけた最後の段階でヨーロッパに介入すれば、ナチズも共産主義も一掃できたかもしれない。

(4) イギリスも、伝統的なヨーロッパ大陸不介入の賢い戦略を忘れ、ヨーロッパ大陸に過剰に介入するという愚を犯した。ヒトラーの元来の野望は、ソ連を亡ぼし、第三帝国を東方へ拡大する事であったのだから、イギリスは自国の防衛のみに専念し、独ソ戦を局外中立を保ちながら見ているべきであった。ヨーロッパ大陸の勢力均衡の保持こそイギリスの三〇〇年以上に亘る外交政策であった筈だ。

イギリスは第二次大戦の勝者にはなったが、結局海外植民地の凡てを失ってしまい、事実上の敗戦国となってしまった。チャーチルの極端な反ドイツ感情が、イギリス帝国の保全という本来のイギリスの大目標を見失せてしまったのである。チャーチルは愚かな指導者であり、自らの愚かさに対する反省すらない。

(5) 米英の指導者の更に大きな誤りは、ドイツと日本を敵視する余り、ソ連を同盟国として扱い、ソ連共産主義の力を強大なものにしてしまった事である。ナチズムは民主国家とは相入れない思想ではあったが、その脅威はヨーロッパ大陸とソ連のみに限られたものであった。それに比して、共産主義の脅威は世界的なものであった。米英首脳はソ連を助け、共産主義の防波堤となっていた日独を潰す事により、第二次大戦後における共産主義の脅威を自ら作り出したのである。アメリカの指導者たちは、共産主義の脅威について全く無知であった。

言いかえれば、冷戦という状態は、米英の指導者自らが造りだした自業自得の脅威なのである。ナチズムという地域的な脅威を取り除きはしたが、これを共産主義というより大きな世界的な脅威に取り代えただけである。アメリカは第二次大戦の勝利者にはなったが、アメリカの安全保障は、大戦前よりも一段と劣悪な状態となってしまった。核戦争の危機をはらんだ世界情勢は、主としてアメリカの国策が招いたものなのである。しかし、この事は国民の間に広く認識されていない。第二次大戦をアメリカが正しく戦っていれば、冷戦の恐怖は必要なかったのである。

(6) アメリカ軍首脳部は、兵力を集中して早期にノルマンディー上陸作戦を実施し、一気にドイツ中枢部に攻め込み、戦争を短期に終結させる腹であった。これは兵力の集中により敵の主力と軍需産業の中心地(ルール地方)を叩くという戦略の常道である。当初ノルマンディー上陸作戦は、一九四三年に実施される予定であった。ところがこれにしつこく、かつ強力に反対し続けたのが、チャーチルであった。チャーチルは地中海や北欧やバルカン半島やトルコなどの周辺地域での攻勢計画を提案し続けた。軍事には全くの素人のルーズベルトはこの圧力に屈し、連合軍はイタリア上陸作戦を敢行する事に決定した。イタリア攻略は第二次大戦の勝利の為には全く無用の作戦であった。この無用の作戦の為に、ノルマンディー上陸作戦の実施は一年おくれて一九四四年にズレ込み、戦争は不必要に長びかせられた。

これは単に人的被害を拡大したのみならず、ソ連に東ヨーロッパからベルリンまで攻め込む時間的な余裕を与え、ソ連の勢力圏を拡大させるという戦略的に取り返しのつかないミスであった。

(7) 第二次大戦後アメリカはアジアでも大きな戦略上のミスを犯した。ソ連に満州の権益を与え、その南下を許し、蔣介石（国民党）に毛沢東（共産党）と連立政権をつくるように圧力をかけ続けた。蔣介石がこれを拒否すると、蔣政権への援助を停止した。この為、国民党は内戦で共産党に負け、シナ大陸の共産化を許す結果となった。

アメリカの指導者達は、スターリンを世界秩序構築のパートナーと誤解し、毛沢東をジェファーソンのような民主的な指導者と勘ちがいしていた。共産主義にきわめて同情的なアメリカのマスコミの意図的な宣伝もあり、アメリカの指導者の多くは、戦中から戦争直後にかけて、共産主義者に全く甘かったと言わざるを得ない。

(8) ウェデマイヤーのイギリス外交批判は強烈である。彼はたとえイギリスがナチス・ドイツに降伏した所で、ドイツはアメリカの脅威にはなりえない、と極めて冷静なプロの軍人の目を持ち続けていた。ドイツが大西洋を越えてアメリカを攻撃することは全く不可能であった。つまり、イギリスの国益とアメリカの国益は大きく異なるのである。それにもかかわらず、イギリスはその狡猾な外交手腕でアメリカを一方的に利用し続けた。英米間にギブ・アンド・テイクは成立せず、イギリスによる一方的な「やらず、ぶったくり」があるのみであった（同盟国ではあるが、あるいは少し皮肉な言い方をすれば同盟国であるがゆえに、英米間では凄まじい権力闘争が戦われていたのである。第二次大戦当時の駆け引きでいえば、イギリスの方が二枚も三枚もはるかに上手であった。この様な米英の一筋縄ではいかぬ複雑な関係は、実は今日まで続いているのである。ロシアの革命家トロツキーはかつてこう言った。「同盟者は敵以上に警戒しなければならない。目の前の敵を倒した後は、同盟者が次の敵となるのだ」。米英関係の複雑性・多層性を正確に見る事は、日本外交の自立の為に重要である)。

さて、主要な論点、というよりも、筆者から見て面白いと思った部分を八点にまとめてみたが、全体としてこの回想録を読みおわっての感想は、正に本書のサブタイトルに言うように「第二次大戦に勝者なし」ということであった。本書下巻の第26章、第27章にはこのままのタイトルが付けられている。強いて言うならば、第二次大戦の真の勝利者は、スターリンとソ連共産主義者であったにちがいない。そしてそれに次ぐ勝利の同伴者は毛沢東とシナ共産主義者であったろう。

本書を読んでの感想は、『大東亜戦争とスターリンの謀略：戦争と共産主義』（三田村武夫・自由選書）の読後感と重なってくる。日本は共産主義者の謀略によって、シナ大陸の泥沼にはまり込み、本来やるべきであった対ソ連戦（北進論）を放棄して、米英との衝突（南進論）を選択させられたのである。アメリカのみならず、日本もソ連に利用され、戦争に追い込まれていった。その結果日本人は大日本帝国を失い、伝統を失い、正常な国家すら失い今日に到っている。

日米戦はスターリンからすれば、正にしてやったりの謀略の大成功であった。砕氷船理論の応用である。幸い、日本では戦後共産革命は起きなかったが、きわどい線までいっている。日米の死ななくてもよい若者の多くが戦場で散り、無辜の民の多くが銃後でも命を落とした。指導者に謀略を見抜く目がなければ、敗戦国の国民は勿論、戦勝国の国民すら悲惨な体験をせざるをえない。

ウェデマイヤー将軍の回想録は、自身が戦勝国の軍隊の中枢部にいたにもかかわらず、きわめて冷静に客観的に事実を見つめている点において大戦関係の回想録の中の白眉といってよいであろう。

パールハーバーの意味

日本軍にハワイのパール・ハーバーを奇襲させた事は、ルーズベルト大統領にとっては、彼の謀略の大成功であった。既に多くの歴史家が第一次資料を駆使してルーズベルトの謀略について実証しているので多くを述べる必要はないだろう。ウェデマイヤー大将は明確に「日本の真珠湾攻撃は、アメリカによって計画的に挑発されたものであるという事実」を認めている。今日でも所謂「リヴィジョニスト」（修正主義者）の見解はアメリカでは広く受け入れられているとは言い難い。リヴィジョニストの見解は、筆者の見る所、アメリカの草の根保守に支持者が多く、稲健保守派の中にはその支持者は必ずしも多くはない。ウェデマイヤー大将の如き保守本流中の本流の、しかもエリート軍人がこれを認めている所に日米同盟の将来の可能性も存在する。ルーズベルトは、イギリスを助け、憎むべきヒトラーを倒し、ソ連を友人として戦後世界を築くべく第二次大戦に突入した。いくら挑発してもヒトラーはアメリカとの戦争を回避しようと努力していた。ルーズベルトと彼を支持する新聞は、ドイツがブラジルを攻撃・占領し、北米にまで侵攻してくる等という荒唐無稽な恐怖感を煽っていた。ウェデマイヤーは言う。

もしヒトラーが、アメリカの戦争挑発行為に乗ぜられないように、確固たる態度をとっていなかったなら、アメリカは日本の真珠湾攻撃の数ヵ月前に、公然と戦争に介入していたであろう。当時のイタリア外相チアノ伯は、戦後に出版された日記の中で「ドイツはアメリカの参戦を早めたり、または参戦の原因となるようなことはなにひとつしないように、固く決心していた」と述べている。

これに反してルーズベルトは、将来、アメリカが攻撃されるという恐怖を持ち出して、議会を自分のかたよった行動に合致するように指導した。アメリカ国民はニュールンベルグ軍事裁判のさい、ドイツの秘密文書を徹底的に調べた結果、ドイツはアメリカ攻撃計画をなんら持っていなかったことを承知している。アメリカ攻撃どころか、何トンにものぼる膨大な記録文書を調べたところでは、ヒトラーはアメリカとの戦争を回避するために、全力を尽くしていたことが判明している。ドイツは、その同盟国である日本によって対米戦を強制されるまでは、アメリカに対して宣戦しなかった。（上巻三九頁）

この文章を読んでいると、イラクのフセイン元大統領のことを思い出してしまう。いくら探してみてもフセインがＷＭＤ（大量破壊兵器）を開発していたという証拠は出てこなかったのである。

ドイツ・イタリアへの挑発が無駄だと分ったルーズベルトは、日本を虐《いじ》め抜いて、日本にアメリカを攻撃させ、第二次大戦に参戦しようと画策した。ウェデマイヤー将軍によれば「……ルーズベルトは早くも一九四一年一月には、後日、アメリカ参戦の原因となったイギリスとの秘密同盟にひとしいことを決定していたのは、まったく疑う余地のない事実であった」（上巻四三頁）。

歴史を振り返ってみると一九四〇年一二月に米英統合幕僚秘密会議が開かれ、アメリカの「勝利の計画」の基本となる政策が検討され始めている。この時点でルーズベルトは既に日独との戦争を具体的に計画していたといえよう。一九四一年一月ルーズベルトは議会に対して武器貸与法の成立を要請、これが三月には成立。これによって米議会は事実上、宣戦布告の権限をルーズベルトに譲り渡してしまった。

一九四一年七月二六日ルーズベルトは対日経済制裁を発令、これは全く日本を戦争に挑発するための方策であった。

一九四一年七月二十六日、ルーズベルトは日本に対して経済的な制裁を加えたが、この制裁は、日中事変の勃発《ぼっぱつ》当初であったなら中国をたすけたかもしれなかったが、一九四一年七月では、もはや中国にとってなんの利益にもならなかった。いまや、こうした制裁は、中国を援助するためではなく、日本を戦争に挑発するためであり、イギリスの勢力を維持するために、どうしたらアメリカを参戦させせられるかという、ルーズベルトのジレンマを解決するために使用されていた。（上巻四一頁）

この対日経済制裁をふまえて翌八月にはあの大西洋会談がルーズベルトとチャーチルの間で開かれる。その二週間後一九四一年八月二五日付けの秘密命令はアメリカ大西洋艦隊に対し、「独伊の敵性軍を攻撃撃破すべし」と命じている。

一九四一年一一月二五日ルーズベルトは側近を集め「日本は来週月曜までにアメリカを攻撃するものと思う」と述べ、翌一一月二六日にはいわゆるハル・ノートが日本側に手交されている。戦後設立された米国議会の上下両院合同の真珠湾事件調査委員会での多くの証言は、ルーズベルトが日本軍の奇襲を待ちかねていたことを充分に立証していて、一点の疑いの余地もない。

事実、真珠湾査問会の公聴会の席上、ホーマー・ファーグソン上院議員に喚問された一人の青年海軍将校は、次の事実を証言している。すなわち、一二月六日（日本時間の七日）夜、ホワイト・ハウスにおいて、彼の面前《めんぜん》で、ルーズベルトとホプキンズ大統領顧問は、日本の戦争電報を読んだ。ホプキンズが予防措置をとるように主張したとき、ルーズベルトは「その要なし」と答え、「民主主義のためにはりっぱな記録を残すよう事態の進展を待たねばならない」と語ったというのである。

（上巻五〇―五一頁）

日本のパール・ハーバー奇襲の報を最も喜んで聞いた人間の一人がチャーチルであった。

日本の真珠湾攻撃の第一報がとどけられたとき、チャーチルはワイナント駐英アメリカ大使、アベレル・ハリマンといっしょに、チェカーズの彼の別荘にいた。「これで、例の二人のアメリカ人が長い苦痛からやっと解放された、と人々はおそらく考えたに違いない」とチャーチルは書きとめている。チャーチル自身は、「これで救われたと感じ、感謝の気持ちで、その夜はぐっすり眠った」。（上巻五一頁）

日本人が提灯行列をして無邪気にはしゃいでいる時にチャーチルは「これで救われたと感じ、感謝の気持ちで、その夜はぐっすり眠った」というのだから驚く。真に謀略のレベルが違うのである。

ウェデマイヤーはもちろん、ルーズベルトがアメリカ国民を欺き、さらに真珠湾で三五〇〇人の将兵の命を犠牲にした責任を厳しく追及する。

アメリカ国民を戦争にかりたてていた全期間にわたって、アメリカ国民の全部をだましつづけることは、ルーズベルトと側近者にとって不可能なことがわかった。しかし、民主主義の旗手である、と主張していたフランクリン・D・

ルーズベルトは、彼がイギリスと結んだ秘密の約束事項については、アメリカ議会にも国民一般にも少しも報告していなかった。そのやり方は、他の国のどの独裁者にも負けないくらい巧妙であった。このイギリスとの秘密の約束は、アメリカ国民をヨーロッパ戦争には巻き込まないという、ルーズベルトの選挙公約を信じて、彼をアメリカ大統領に選んだ多数の選挙民の意志と希望を踏みにじるものであった。(上巻四二頁)

ウェデマイヤーは軍人であるから、特にルーズベルトが事前に日本の奇襲攻撃を知っていながら、国民に警告せず、パール・ハーバーで軍人を見殺しにしたことを強く非難している。

ルーズベルト大統領は、ラジオ放送を通じアメリカ国民に警告を与える、じゅうぶんな時間的余裕を持っていた。こうした警告は、おそらく日本をして奇襲攻撃を中止させてさえいたかもしれなかった。いずれにせよ、反撃の機会を与えないで、我々は三千五百名のアメリカ兵を、ハワイで殺さなくてもすんだであろう。(下巻三七一頁)

ウェデマイヤーは、保守主義者らしくルーズベルトの政策が初代大統領ワシントンの遺訓からの完全な逸脱であると強く批判している。ジョージ・ワシントンは彼の「訣別の辞」において次のように述べている。

…(略)…国家政策を実施するにあたってもっとも大切なことは、ある特定の国々に対して永久的な根深い反感をいだき、他の国々に対しては熱烈な愛着を感ずるようなことが、あってはならないということである。そして、そのかわりに、すべての国に対して公正かつ友好的な感情を持つことが、なによりも重要である。他国に対して、常習的に好悪の感情をいだく国は、多少なりとも、すでにその相手国の奴隷となっているのである。(上巻三三頁)

つまりウェデマイヤーからすれば、ルーズベルトは彼のイギリス好き、ソ連への好意、ドイツ嫌い、日本嫌いのゆえに、客観的なアメリカの国益を全く見失ってしまったのである。アメリカ国民は一九四〇年代の大統領選挙でルーズベルトの三選を支持したが、それはルーズベルトがすでにヨーロッパで始まっていた戦争にアメリカを介入させないと国民に公約していたからである。アメリカ国民は単に孤立主義的であった訳ではない。彼らはワシントンの遺訓に忠実であり、また国益についても冷静に考えていた。

こうしてワシントンの遺訓はたびたび無視されたが、アメリカ国民がワシントンの遺訓を守ろうとしていたことは明らかであった。それはアメリカ国民が、ルーズベルトの選挙公約を支持していたこと、アメリカ軍のヨーロッパ派遣によって生ずる悲惨な結果を警告していたチャールズ・リンドバーグ大佐などの意見を支持していたこと、この二点から考えても明瞭であった。（上巻三四頁）

一九四一年の日本国が、米国民の中におけるこの賢明な中立主義を十分に理解せず、また利用もできなかったことは誠に千載に悔を残す結果となった。日本側に知恵があれば、日米戦争の回避は十分に可能であったのだ。

おそらく今日の世界で、一九四一年の日本人の立場にいるのが、イスラム教徒である。彼らはアメリカの表に出た外交政策のみを見て、平均的アメリカ人がテロに反対しても、イスラム教国と十字軍的戦争など望んでいないことを知らない。イスラム世界における過激派の宣伝に乗せられ、多くのイスラム教徒はユダヤ陰謀論を信じ、アメリカがユダヤ人によって支配されている、という妄想に支配されている。

無条件降伏の愚：戦争目的を見失った米英

戦争の勝利とは、自己目的的なものであってはならない。クラウゼヴィッツを引くまでもなく、戦争は別の手段による政治の継続である。戦勝によっていかなる秩序を戦後の世界に造り上げようとするのか。その構想がまず明確に存在しなければならない。そこからいかなる形の戦勝を求めるかも決まってくる。一九四三年一月フランス領モロッコで米英両巨頭のカサブランカ会談が開かれたが、ここで枢軸国に対して無条件降伏を求めることが決定された。無条件降伏とは戦争の勝利のみを自己目的化するということであり、高次の目標なしに、敵の徹底破壊のみを目指すゆえに、戦争はより残酷になり、より長期間続くことになる。カサブランカ会談ではもう一つの重大決定がなされている。それは、地中海をイタリア半島沿いに進撃北上していく作戦方針が決定され、それゆえに、後にノルマンディー上陸作戦と呼ばれたドイツ中枢部を直撃する作戦が一年延期されたことである。

この二つの愚かな決定によって、戦争は丸一年間、終結が遅れる結果となり死ななくてもよい若者が多く命を落とすことになった（前掲書上巻三三八～三三九頁）。

（略）われわれアメリカ国民は何のために戦っているのかという戦争目的についてて、われわれは国家として統一した見解を持っていなかった。すなわち、具体的なアメリカの戦争目的を持っていなかったのである。（三五八～三五九頁）

恐るべき戦勝国の内幕である。ルーズベルトは勿論、「四つの自由」というようなことを主張した。しかしそれだけでは、具体的な政策とは結びついていない。「四つの自由」というのはスローガンであって実践的な政策とはなりえないものである。

ドイツ陸大に留学経験のあるウェデマイヤー将軍は、ドイツ国内に反ヒトラーの愛国者が多数いることを熟知しており、無条件降伏要求が反ヒトラー主義者を逆にヒトラー政権側に追いやってしまう愚策であると考えた。

このことは私を心配させた。というのは、ドイツにはヒトラーを倒そうとしている人々が多数いることを私は確信していたからであった。こうした人びとは、連合国側が行なう反ナチス宣伝のせいではなくて、ヒトラーの反ドイツ的性格からわれわれが想像していた以上に存在していた。だから、われわれの無条件降伏の要求は、逆にドイツ国民を結束させるにすぎないだろう。ディーンは、枢軸《すうじく》側に対する無条件降伏の要求は戦争の終結を遅らし、ソ連の勢力を増大して、長時間にわたり悲惨な結果を招くことを無視しようとするものである、と心配していた。（上巻三七〇～三七一頁。注：文中の「ディーン」は米軍統合幕僚会議・事務局長）

ウェデマイヤーは勇気を以てこの心配を彼の上司であるマーシャル参謀総長に伝

え、マーシャルは率直な意見具申に感謝している。

あるべきだったアメリカの大戦略

それではアメリカの愛国者＝保守派の立場からして、いかなる大戦略こそ理想的であったのか。ナチス・ドイツと共産主義ソ連という二つの全体主義国家の共倒れを狙い、イギリスに対しては武器援助はしても、あくまでヨーロッパの大戦に介入すべきではなかった、というのがウェデマイヤーの主張である。そしてそれこそ初代大統領ワシントン以来のアメリカの正統的戦略思想の応用でもあった。

アメリカはモンロー主義を守り、独・伊がアメリカ大陸を侵略してこない限り、局外中立を保つべきであった。一九四一年六月二二日、ヒトラーは大きな戦略的錯誤を犯し、ソ連へ侵攻した。ドイツはやってはならない二正面作戦を開始した。これだけでも、米英両国には有利な状況が出現したのである。ドイツがイギリスを完全に屈服させることは難しくなった。

1941年6月22日、独ソ両国が不可侵関係を破棄し戦争を開始してから、独ソが互いに死闘を繰り返している間は、ヨーロッパ諸国は事情の許す限りこれを静観すべきである、と私はたびたび意見を発表していた。こうして、独ソが共倒れになるまで待っていると、やがてイギリスとおそらくはアメリカも、その時乗り出していって、ヨーロッパの勢力の均衡を確立するという歴史的役割りを果たすことができたであろう。そしてヨーロッパを共産主義者やファシストが支配するのを防止することも可能であったはずである。（上巻七七頁）

ウェデマイヤーは、ドイツの生活圏（Lebensraum レーベンスラウム）獲得政策を同情の目をもって見つめていた。ナチズムはその初期から、ソ連共産主義と対決し、生活圏を東方へ拡大することにドイツの使命を見出していた。米英はドイツの本来の敵ではなかった。

さらにドイツの生活圏獲得政策は、モスクワを中心とする世界的規模の共産主義の陰謀ほどには西側社会に脅威を与えるものではなかった、と私は確信している。ドイツの東方進出は〈生活圏〉を求めるため、すなわち、原料の供給源と市場を求めるための国民運動であった。（中略）

しかし、アメリカ・インディアン、スペイン人、メキシコ人たちからアメリカ大陸の半分近くも強奪した北米移住者の子孫であるアメリカ人や、あるいは〈太陽の没することなき帝国〉を築いたイギリス人には、ドイツ人の民族目標

である東方進出は、非難すべきものに思えたのかも知れない。(上巻四六頁)

何とも冷静な戦略眼、しかも国益を考え抜いた上での戦略眼である。ウェデマイヤーもリンドバーグもナチズムの人種主義=反ユダヤ主義を批難している。しかし彼らはナチズムがヨーロッパ大陸内での脅威であることを十分に認識していた。これに対して共産主義は世界的脅威である。

それではウェデマイヤーは日本の明治以来の拡張主義をどう見ていたのか。彼は日本の近代化の原点はアメリカがペリー艦隊を派遣して無理やり開国させたところにあり、それ以降の日本人は「全くイギリス人と同様に産業を拡張し、原材料の遠い供給源と自国の生産品の販路を求めた」(前掲書下巻三六四頁)と理解しており、日本にも公正な態度を崩していない。そうであればこそ、彼はルーズベルトの日本叩きを、ヨーロッパ大戦に参加するための方便と考えた。ルーズベルトは米国民を欺いて裏口から米国をヨーロッパ大戦に参加させるために、日本を開戦の止むなきに追いこんだのであり、日米戦争は日米双方の国益から考えて、必然でも何でもなかったのである。ウェデマイヤーは、日本がもう少し慎重であったなら、あるいは戦略的にもう少し賢明であったならば、日米戦は回避できたとも考えている。彼は独ソ戦の開始に次いで、日本がパールハーバーなど攻めずにウラジオストクからソ連の沿海州、東シベリアを攻めていれば、独ソ戦はドイツの勝利に帰し、そうすればば日本がインドを抑えた上で日独が中東で握手することも可能であり、そういった状況では、第二次大戦は長期の膠着状態に陥っていただろうと予測する。当時の日本政府の用語を用いるならば「長期不敗の体制」ができていたであろう（前掲書下巻三六〇～三六六頁）。

彼はドイツを知っていたほど日本の内部を知っていたわけではない。まして彼はマーシャル参謀総長の下を離れた後、蔣介石の下で参謀長をつとめ、シナ大陸で日本軍と戦っている。しかしそれによって彼は反日的になった訳ではない。むしろ日本軍を、実戦を通して、尊敬するようになった節さえ感じられる。戦後シナにいた日本人の早期内地帰還に協力してくれたこと、昭和四〇年に求めて岡村寧次大将（元支那派遣軍総司令官）と会見したことなどはそう類推せしめるに十分である。彼はドイツに対してそうであったと同様に、日本に対しても客観的かつ好意的である。

総括していうならば、日本もドイツもアメリカ大陸を侵略する危険は全くなかった。それゆえアメリカ政府が冷静に国益をふまえた政策さえとっていれば、アメリカは日独と戦う必要は全くなかったのである。

チャーチルの愚かさと狡さ

ウェデマイヤー回想録のもっとも注目すべき点の一つは、彼のイギリス外交批判とチャーチル批判である。日本にF・D・ルーズベルトのファンはいないだろうが、チャーチル崇拝者は多い。特に保守陣営に多い。それらの人々に是非この回想録の強烈なチャーチル批判を読んで頂きたい。

チャーチル批判の要点は以下の如くにまとめられるあろう。

（1）チャーチルは、三〇〇年以上の伝統を持つイギリスの外交ドクトリンを無視した。その外交ドクトリンとは「イギリスはヨーロッパ大陸内部には直接関与せず、大陸内部の勢力均衡を謀り、イギリスの安全と繁栄を保持する」というものである。チャーチルはナチス・ドイツに個人的に異常な敵意を抱き、それゆえドイツと戦争を開始し、更には無条件降伏を要求した。しかしそのために、ドイツは破壊したが、結局ソ連にヨーロッパの東半分を支配させる結果となってしまった。

ヒトラーは元来、第三帝国を東方へ拡大する方針であったのだから、イギリスもアメリカ同様に、ドイツとソ連の二つの全体主義帝国が共倒れになるのを傍観する策をとるべきであった。

チャーチルは、平時、戦時を通じて、そのすぐれた政略によって、イギリスを世界最強国に仕立てあげてきた、イギリスの政治家の由緒《ゆいしょ》ある家柄に生まれ、その伝統を受けついでいたにもかかわらず、彼の祖先たちの英知と政治家としての能力とを欠いていたということは、実に奇怪なことである。チャーチルは、300年以上にわたってイギリスの一貫した政策目標であった、ヨーロッパ大陸の勢力均衡を再建しようとはせずに、ドイツの破壊を企図したが、結局ソ連にヨーロッパ支配の機会を与えてしまった。（上巻三二頁）

(2) チャーチルはイギリスを戦勝国に導くことには成功した。しかしその代償は余りに大きかった。イギリスは帝国を失ったのである。勝利の代価が帝国の崩壊であったとすれば、いったいその勝利の意味とは何なのか。イギリス首相であるチャーチルにとって、最大至高の課題は、「大英帝国の保全」であった筈である。戦争を起こし勝つことよりも、帝国の権益の維持と保全こそが、首相の任務であった。ところがチャーチルは、ナチス・ドイツ憎しの余り、ドイツを破壊することを自己目的に追求し、ついに大栄帝国そのものを失ってしまったのである。何たる「英雄」であることか。しかも彼は、自分の過ちすら認めていない。

ウィンストン・チャーチルは「イギリス帝国の崩壊を主宰するため、私はイギリスの首相となったのではない」と言明していたが、その彼がイギリスを現在の第二流国の状態に急転落下させるような諸政策をとったことは、実に歴史の運命の大きな皮肉といわねばなるまい。チャーチルの数冊の著書をみても、第二次大戦がみじめな結果に終わったことについて、彼自身の責任も認めていなければ、また、ルーズベルトの責任も追及していない。そして、なお、その著『第二次大戦回顧録』の序文のなかで、彼は次のように述べている。

「何百万もの人々が、全力を尽くして戦い、戦争の犠牲となり、そして大義名分の勝利を勝ち得たのちにおいても、われわれはなお、平和、または安全保障を得ることができず、さらに、われわれがこれまで克服してきた危険な状態より、さらにいっそう険悪な状態に現在おかれているという事実によって、人類は、その悲劇の極に達している。」（傍点は私＝ウェデマイヤーが加えた）

まったくチャーチルは、彼のおかした過ちを認識する聡明《そうめい》さを欠いているのか、あるいは、そのあやまちを認め、それは自分の責任であったと、みずから認めるだけの大度量を持ち合わせていないように思われる。（前掲書上巻三二頁）

ウェデマイヤー自身はそうは指摘していないが、大英帝国崩壊に最も力があったのは、日本である。第二次大戦中の日本の軍事行動はアジア諸国に独立の気運と機会をあたえ、ついに大戦後も、イギリスは植民地を維持することができなくなった。大日本帝国は、抱き合い心中のような形で、大英帝国を亡ぼしてしまったのだ。日本がなぜそんな立場に立ったかといえば、チャーチルとルーズベルトが（スターリンや蔣介石の後押しを受けながら）日本を経済封鎖で追い込み開戦させたからである。

アメリカは、ソ連との冷戦というやっかいな問題を抱えることにはなったが、第二次大戦に勝利することにより、イギリスを上回る世界一の超大国になった。代償は大きかったが、勝利にはそれなりの意義があった、との考え方もできる。しかしイギリスの場合、こういう言い訳はできない。愚かな指導者が帝国を亡ぼしたのである。

ウェデマイヤーは、イギリス陸軍参謀総長であるアラン・ブルック元帥のチャーチル批判の言葉も引用している。

明確な政治目標がないかぎり、戦争は、単なる目的のない殺戮、あるいは意味のない人殺しにすぎない。いくらかでも軍事的専門知識を持っていると自負している軍人ならだれでも、戦争のこの事実をよく認識している。イギリスの陸軍参謀総長から、チャーチルは戦略家ではないと指摘され、チャーチルは自己の気のおもむくままに自分がいま行っている事柄の内容や結果を正しく考えず、自己の直観と衝動によって行動したと批判されたが、チャーチルは敵の頭の皮をできるだけ多くはぎ取ろうとする、アリゾナ地方のアメリカ・インディアンの首長とまったく同様な考えで、戦争をやったのである。（上巻一八八頁）

（3）チャーチルは、ノルマンディー上陸作戦にしつこく反対し、少くとも第二次大戦の勝利を丸一年以上遅延させた。これにより、ソ連に東ヨーロッパを占領させるという、とりかえしのつかない巨大な戦略上のミスを犯した。

戦略上の原則は、敵本土の中心地域を占領し、敵の戦争遂行を可能ならしめる工業力を破壊し（もしくは敵工業地帯を占領し）、敵国民の戦意をくじくことこそが、勝利への王道であると教えている。アメリカ軍中枢は、その原則にのっとり、ノルマンディーに上陸し、フランスの平野を経て、ドイツ戦力を支える主要な工業地域であるルール地方を制し、一気にベルリンを陥落させるという最短の勝利計画を練り上げ、これを強力に推進しようとした。これにもっとも強力に抵抗したのがチャーチルであった。

チャーチルはこの中央突破作戦を嫌い、周辺的な小作戦を行いたがった。北欧・地中海・バルカン半島・トルコ（ドデカネス諸島）などにおける進攻作戦を、しつこく提案してきた。アメリカ側は、軍備と兵員をイギリスに集中し、一気に片をつける戦略であった。チャーチルは、この中央突破作戦が、多大の被害を生むことを恐れたためか、周辺的な作戦にこだわった。アメリカはクラウゼヴィッツ流の兵力の集中運用という直接戦略を提案し、イギリスはリデル・ハート流の間接戦略にこだわったとも言えよう。周辺作戦をやれば、軍備と兵員の集積がそれだけ遅れ、それだけ勝利が遠のくことになる、とアメリカ側は考えた。今日でもアメリカは作戦を始める前に、莫大な軍備を現地に集積し、その力で一気に勝利を得ようとする。湾岸戦争しかり、イラク戦争しかりである。

チャーチルは周辺戦争をくり返し行い、ソ連軍の抵抗や連合軍の空襲と相まってドイツ軍を疲れさせ、渡海上陸作戦を容易にしようと考えているようだった。

一九四三年一月のカサブランカ会談は、アメリカ側の完全な敗北であった。ルーズベルトはチャーチルの口車にのせられ、地中海作戦の実施に同意し、ノルマンディー上陸作戦は丸一年遅れて一九四四年にずれ込んだ。地中海（イタリア）作戦は、まったく不要な作戦であった。

一月二十四日（日曜日）、カサブランカ会談は終わった。私はこの会談の結果に失望したが、その失望をぐっとこらえた。しかし、この会談について私がほんとうにどう感じているかを、上官に誤解させるべきではない、と思った。カサブランカを出発するまえに、私は上官である参謀本部作戦部長トーマス・T・ハンディ将軍に、次のような手紙を出した。「われわれはなにもかも取られて、まるはだかにされてしまった。いまや、われわれはこの真夏に、地中海のへそのあたりで作戦を実施する、と約束させられてしまった。」

（略）ハンディ将軍への同じ手紙の中で、カサブランカ会談の模様について要約すれば、「われら来たり、われら聞きたり、しかして、われら敗れたり」といえる、と私は書き送った。（上巻三八二頁）

ウェデマイヤーから見れば、当時のイギリスとアメリカの間にはどうしようもない政治力の格差が存在していた。彼は感情をかなり露わにして、次のように批判している。

（略）世界を相手に商売したり、談判したり、または戦争したりしているイギリスにとって、真の友人とは、イギリス自身の思う通りに物事をじょうずにあやつったり、イギリスのために我田引水してくれる人物ということになるだろう。英米両軍の作戦計画担当者たちの間には、ギブ・アンド・テイク（やったり、とったりの相互援助）はなかった。つねにイギリスの〝やらずぶったくり〟であった。イギリスが何世紀もの間の商売によって身につけたやり方で、いまや、あのとうとうと弁じたてるチャーチルと、頭の回転の速いブルックによって象徴される陣容で、イギリス側がつねにアメリカ側からぶったくるばかりであった。（上巻三七五頁）

これが米英関係の実態であった。世間知らずで正義感があり腕っぷしも強い若者が、したたかな老人に利用されているが如くである。しかしこの一見したたかな老人も、策師策に溺れて最後は全てを失うのであった。

共産主義を世界に広める為に戦わされたアメリカ

アメリカは確かに戦勝国になった。しかし、そこで手に入れたものは恒久的な平和ではなく、共産主義の脅威であった。ドイツと日本という共産主義への防波堤を力尽くでつぶしてしまい、ソ連を同盟国として遇してきた当然の結果であった。そこには、エルベ川から鴨緑江に到る巨大な共産主義帝国が出現していた。そして四年後には、シナ大陸もまた共産主義国家の支配する所となった。アメリカは一度は不倶戴天の敵と思ったドイツ（西ドイツ）と日本を再建して、共産主義の脅威に立ち向かわねばならなくなった。何という運命の皮肉であろう。チャーチルもルーズベルトも、スターリンの戦略には遠く及ばなかった（前掲書上巻一八五頁）。スターリンは、資本主義国同士を戦わせ、漁夫の利を得、戦後は疲弊した国々で社会主義革命を起こすという明確な戦略を立てていたのだ。

ウェデマイヤーは徒労感と共に次のように書く。

われわれは一匹の巨竜を倒した一九四五年に、以前のものより巨大で、より危険な巨竜と対決していることに気づいた。どんな犠牲を払っても勝利を得ようとしたので、われわれはナチス・ドイツよりも一段と敵意を燃やす脅威的な侵略国家であり、われわれが〈解放〉した以上に、多数の人々を奴隷化した国家の出現を確実にした。この事実はドイツ敗戦の三年後、われわれがかつて破壊しようと誓っていたドイツを復活させ始めたときに、明確になってきた。われわれはかつての同盟国ソ連に対するヨーロッパ防衛のために、われわれのパートナーとしてドイツを必要とするようになった。

エルベ川から鴨緑江《おうりょくこう》にまたがる、巨大な恐るべき共産国家は、アメリカが建国以来、経験したこともないはるかに強大で、さし迫った危険をアメリカに与えている。ソビエト帝国の出現は、主としてアメリカ自身がつくりだしたという事実は、まったく皮肉である。まず第一に、アメリカは一九三三年にソ連を承認し、これと外交関係を樹立することによって、この無法国家の成長をうながした。ソ連の約束、紳士協定、外交交渉など、どれ一つとしてこれまで約束どおり実行されたことはない。（上巻一九〇～一九一頁）

ルーズベルト大統領を含む大部分のアメリカ人は共産主義の脅威にあまりに無知であった。ドイツ留学の体験から共産主義の脅威に敏感であったウェデマイヤーにとっては、それは予測できた事態であった。真珠湾攻撃直後の一九四二年一月一日に、彼は既に日記に次のように印していた。

いまアメリカ国民は、一つの主義を打倒しようと懸命であるが、この主義を打倒したその後には、この主義と同じ程度の危険性のある他のもう一つの毛色の変わった主義を出現させることになるのはきわめて明らかである。（上巻一〇三頁）

一九四五年二月のヤルタ会談におけるアメリカの失敗は決定的であった。ルーズベルトは、東ヨーロッパとバルト三国をソ連に売り渡したのみならず、満州をソ連の勢力圏として承認してしまった。

アメリカは更に誤ちを犯す。トルーマン政権は、国民党と共産党の連立政権をシナに樹立するという幻想にとらわれ、これを不服とする蔣介石に圧力をかけ、国民党への援助を停止してしまう。このときの米大統領特使が、彼の元の上司のマーシャル将軍であった。ウェデマイヤーはマーシャルに国共連立政権が不可能である旨を訴え、米政府にも国民党を支持し続けるよう警鐘を乱打したが、結果は虚しかった。一九四九年シナに共産政権が成立する。

ウェデマイヤーは、使節団を率いてシナに渡り、一九四七年九月に米大統領宛報告書を提出している。もしこのレポートの勧告が採用されていたならば、シナ共産党の支配は長江の線で食い止めることができた筈であり、長江以南には国民党政権が成立し得たはずである。「そうすれば、朝鮮戦争もベトナム戦争も起きていなかったものと思われる」とは岡本寧次大将が、昭和四〇（一九六五）年ウェデマイヤー大将と東京で会見した時に漏らされた感想である（前掲書上巻一二頁）。

アメリカがいかに多くの過ちを犯したか、そして日本側から見れば、いかにすれば日米戦の悲劇を避け得たかを教えてくれているのが、ウェデマイヤー回想録である。

ウェデマイヤーの先見の明が生かされていれば、シナの南部に国民党政府が存続していた筈である。そうすれば朝鮮戦争もベトナム戦争もない平和な世界になっていたかも知れない。

バランス・オブ・パワーと価値観外交

バランス・オブ・パワー（勢力均衡）に関してはさまざまな定義があり得るが、ここではごく一般的な意味に解しておく。バランス・オブ・パワー外交とは、自国の国益に有利な諸国（勢力）間の平衡状態をつくろうとする外交である。自国の国益増大を至高の目標とし、道徳的配慮は第二次なものとする。

価値観外交とは、当面の自国の国益の増大を至高の目標とするのではなく、ある価値、例えば自由やデモクラシー、を外交の目標とする外交である。安倍晋三首相は、価値観外交を前面に押し出している。これは勿論、「国益を無視して或る価値を実現する」という意味ではなく、「価値観の重視こそが、国益の増大に結果する」との信念から発した外交姿勢である。しかし、バランス・オブ・パワー外交と価値観外交では、自ずと力点のおき方が違ってくる訳である。

近年のアメリカ外交を見ると、ブッシュ・ジュニアやレーガンの外交が著しく価値観重視の外交である。これに比して、ニクソンとキッシンジャーの外交は、アメリカの歴史の中では例外的にバランス・オブ・パワー的外交であったと言われている。

二〇〇五年五月七日ラトビアの首都リガで、対ドイツ戦勝六〇周年を記念してブッシュ（ジュニア）大統領は演説を行った。主たるテーマは一九四五年二月のヤルタ協定に対する批判であった。これについて詳しくは「ブッシュ米大統領のヤルタ合意批判」（『日本文化』二〇〇五年第二二号）において解説してあるが、ブッシュ価値観外交の面目躍如たる演説であった。

これと全く対照的なのが、キッシンジャー氏の思考法である。キッシンジャー元国務長官はいまだ健在であるが、彼の外交分析を見ていると、現在のシナが共産主義一党独裁国家であり、国内では自由やデモクラシーはおろか、法治主義すら全く無視されている、という事実に対して、全く一顧だに与えていない。キッシンジャーにとって問題なのは、国際関係においてアメリカが占める位置なのであって、各国の国内状況がどうだろうと、それは全く彼の関心外の事である。各国政府の道徳的正当性などは、彼の視野にはない。同氏は今日も中共政府の公然たるアドバイザーである。

価値観重視なのか、バランス・オブ・パワー（という事は直接の国益）重視なのか、というのは、アメリカのみならず、全ての民主国家の外交の抱える課題といってよいだろう。カーター外交は米リベラル派による価値観外交であり、その直前のニクソン・キッシンジャー外交への明らかな反動であった。価値観外交といっても、レーガンやブッシュ・ジュニアの保守派のそれもあれば、カーターのリベラル派のそれもあり得るのである。しかし、価値観重視の外交とバランス・オブ・パワー重視の外交では、大きな質的な違いがある訳である。

それでは、ウェデマイヤーはこの問題をどのように考えていたのか、そこに焦点をあててみたい。

ウェデマイヤー自身は、回顧録のどの部分でも、上述のような用語を使ってはいない。しかし、彼の思考はきわめて明晰に述べられている。ウェデマイヤーは、戦争を含む広義の「外交」の目標に関しては、明確に価値観指向である。それは彼のナチズムへの嫌悪、また共産主義への嫌悪を見れば、一目瞭然であろう。

しかし、彼は外交の方法・手段に関しては全くバランス・オブ・パワー指向である。これはアメリカのヨーロッパに対しての大戦略に関して、「ナチス・ドイツと共産主義ソ連という二つの全体主義国家の共倒れを狙い、アメリカはイギリスに対して武器その他の援助をしても、ヨーロッパの大戦に介入すべきではなかった」旨を述べていることから、疑う余地はない（『第二次大戦に勝者なし：ウェデマイヤー回想録』上巻講談社学術文庫、七七頁）。

価値判断としては、ウェデマイヤーは自由を尊重し、ナチズムと共産主義の両方を拒否している。しかし、ここから直ちにこの両国と戦えとは主張しない。特に、独ソ戦が一九四一年六月二二日に始まってからは、この〝悪の帝国〟同士の共倒れを狙うべきだと訴えていたのである。

さらに、ナチズムはヨーロッパに限定された脅威であるのに対し、共産主義は世界的脅威である。それ故に、アメリカはソ連と手を組んでナチス・ドイツを打倒した事により、冷戦という悲劇を自ら造りだしたのだ、と鋭く指摘して止まないのである。これは、後知恵でそう言っている訳ではなく、すでに真珠湾攻撃の直後に、このアメリカの悲劇の到来を予測していたのであった（拙論『ウェデマイヤー回想録を読む（2）』『新日本学』第二号、一一三頁）。

ブッシュ・ジュニア政権を動かしてサダム・フセイン政権を崩壊させたネオコン

サーヴァティヴ達は、善悪の判断、つまり道徳的判断を即、外交政策の判断に反映させる事を主張し、その主張を現実化した。アメリカ政府にその力があるなら、それでもよいが、アメリカはその後民主国家イラクの建設に失敗している。フセイン政権が確かに危険な独裁政権であったのは事実である。しかし、いかに悪しき政権であっても、それを崩壊させた後の結果が、中東地域の大混乱であり、アメリカがその為に過度に国力を消耗するのであれば、その決断は誤っていた事になる。道徳的判断を即、政治的判断・外交的判断に転化する事はいかにも稚拙であるといえよう。

ブッシュ・シニアの政権は、クウェート解放後の湾岸戦争の終結段階で、敢えてイラクに攻め入らず、その地域に望ましいバランス・オブ・パワーを創り出す事で満足した。これは、道徳的判断と、外交的判断を切断した現実主義である。ウェデマイヤーはこの様な成熟した判断こそ良しとしているのである。

道徳的判断即外交的判断とする事は、愚かな決断である。しかしこの立脚点に立ちつつ、他の幾つかのスタンスも批判されねばならないだろう。

第一は、道徳的配慮を一切忘れたバランス・オブ・パワー的アプローチである。かってのソ連、今日の中共・北朝鮮のような明らかに普遍的な価値観からいって、〝悪しき〟政治体制に対して、その内政を全く問題にしない、というのは、国民の、そして国家の政治的指導者の甚だしい道徳的堕落であろう。バランス・オブ・パワー的アプローチを自己目的的に用いてはいけないのだ。

第二に批判されなければならないアプローチは、道徳的規準を保持しつつも、自己の変革への力量を過小評価する場合である。かつてのネオコンは、「アメリカにはソ連を崩壊させる力がある」と主張して、レーガン政権をして従来の対ソ・デタント政策を捨てさせ、新冷戦を開始せしめた。この対ソ軍拡・対決路線に耐え切れず、ソ連邦は崩壊し、ソ連型共産主義は歴史のステージから消え去っていったのであった。あの時点での対ソ強硬論は、リベラル派からは危険と批判されたが、今にして思えば、やはり正しかったのである。レーガンの「ソ連＝悪の帝国」論を余りに幼稚と批難していた、したり顔のインテリ達は、完全に間違っていたのである。

広義の外交に関しては、目標を設定する限りに於ては、道徳的判断、価値基準は第一義的に、圧倒的に重要である。しかし、それを実現する手段のレベルに於ては、自国にその能力がなければ、バランス・オブ・パワー的アプローチにとどめて、自己の道徳的目標の実現に、忍耐をもって取り組まねばならない。

以上のような論を踏まえた上で、筆者が北朝鮮情勢をみると、我々は道徳的な不作為の罪を責められて然るべきだろう。今アメリカはイラクの混乱に足元をとられている。しかし、それを前提にしても、日本の総力とアメリカの余力を総動員すれば、北朝鮮を崩壊させる事はさほど難しくはないであろう。少くともその事を検討すらしないで、核実験におびえて、軍事オプションを放棄しているのが今日の日本である。何とも情ない情況ではないか。

北朝鮮崩壊に際しては、イラクで大問題となったようなエレメントは存在しない。シーア派はいないし、イスラム世界と相対峙する必要もない。北朝鮮国民の大部分は、貧困に苦しみ、金王朝に怨みを抱く者ばかりである。シナも北朝鮮とは一線を画している。イラクの様に、戦後の秩序回復に苦しむ事は考えにくい。一体誰が金正日の為にゲリラやテロリストになるであろうか。まして戦後処理に六ケ国協議参加の五ケ国が参加する体制となれば、戦後の秩序回復は容易であろう。日米とすれば、北朝鮮を崩壊させるというオプションは十分研究に値するものである筈だ。日本人全体が、経済制裁のみに満足してそこから踏み出す事を考えないとすれば、それは我々の道徳的怠慢でしかないであろう。

インドからシナへ

話を本題に戻す。ウェデマイヤーは一九四三年一〇月に、連合軍東南アジア指令部（在インド）に派遣され、司令官マウントバッテン卿の副司令官となる。丁度一年後の一九四四年一〇月には、シナ方面のアメリカ軍総司令官となり、同時に蔣介石の参謀長にも就任する。当時の蔣介石軍がアメリカの援助なくして、全く軍の体をなしていなかった事が、この一事でも了解できる、というものだ。

東南アジア司令部に赴任する前、一九四三年八月のケベック会談で、ウェデマイヤー等のアメリカ側の幕僚は、ようやくチャーチルにオーバーロード作戦（ノルマンディー上陸作戦）の実行を承認させた。これで対ドイツ戦の勝利への道程に彼は確信を持つ事が出来た。しかし、彼がマーシャル陸軍参謀総長の懐刀として活躍するのはこれが最後となった。ウェデマイヤーのインド行きは、どうやらチャーチルの暗躍による左遷の匂いが濃厚である。

アベレル・ハリマンは大使としてモスクワに赴任する事が決まっていた。ハリマンはウェデマイヤーに、彼のスタッフの一員としてソ連に行かないかと誘っている。

ウェデマイヤー自身は、機甲師団か空挺師団の指揮官として、実戦に参加したいという希望を持っていた。ずっと幕僚として勤務して来た彼としては、当然の希望でもあったろう。しかしその希望はかなわず、結局新しくつくられた東南アジア司令部のナンバー2としてニューデリーへ赴任する事になる。

チャーチルや英国幕僚と意見の合わない直言家のマウントバッテンと彼は、比較的重要度の落ちるインドに左遷されたのであろう。

『回想録』下巻五四頁で彼はこの事を示唆している。

米英間の協力関係がうまくいっていない事は、インド方面でもまた真実であった。

（略）そもそも、この方面では、個人的怨恨や相反する目的のために、英・米・中国の間に協力関係がまったくできていなかった。その一例を示すと、私がニューデリーに赴任してまもなく、九月中にヒマラヤ山脈を越えて中国に空輸された援助物資の量は、わずかに四千四百トンにすぎなかった、とマウントバッテンが私に語った。

しかし、実際には六千七百トン以上もの援助物資が中国に空輸されていた事実を、だれもマウントバッテンに報告しようとはしなかったのである。だれかがイギリス軍側にまちがったデータを伝え、その誤りを訂正する者はだれもい

ない、という状況であった。(下巻六一頁)

また蔣介石はその立場の弱さから、兵器供与では優先順位が低く、ずいぶんと冷遇されている。一度は約束された兵器の供与が反故にされ、シナ方面以外の他の戦線に振りむけられる。このような苦い経験を、蔣介石は何度も味わっている。ビルマ作戦に兵力と船舶が追加に割り当てられる事がカイロ会談で決まった。ところがその直後のテヘラン会談では、ビルマ方面に送られる筈だったものは全てノルマンディー作戦の為にイギリスにふり向けられる事になった——という具合である(前掲書下巻六九頁)。

今や歴史の中では一つの小さなエピソードになってしまったが、日本人として嬉しいのは、あの悲惨であったインパール作戦における日本軍の奮闘ぶりをウェデマイヤーは銘記してくれている。

一九四四年六月一五日付チャーチル英首相宛の手紙で彼は次のように述べている。

私は最近、前線を視察しましたが、このなかにはアラカン、インパール、コヒマ地域がはいっております。この地域の英印軍の士気と健康状態は、きわめて良好です。わが英印軍の地上部隊は、戦術面でも、また補給支援の面でも、航空機による支援を受けているうえに、兵力的にも日本軍よりまさっているのに、どうして日本軍に行動を制約され動きがとれないのか、私は理解に苦しんでおります。この地域の地形が険阻で、日本軍は〈この日〉に備えてジャングルで何年間も訓練を重ねてきており、わが英印軍がジャングル、湿地および不足がちな兵站補給のために、作戦行動に不自由を感じたり、または行動の自由を奪われている事実は認めます。

しかし、われわれは、これら多くの困難を克服することができるし、また克服しなければなりません。われわれは英印軍が勇気を欠いているのではないことを知っております。（下巻八五頁）

一九四四年一〇月二七日、ウェデマイヤーはマーシャル参謀総長から、シナ方面アメリカ軍司令官となるべしとの訓電を受ける。前任者のスチルウェル将軍は、「フライング・タイガー」（空飛ぶ猛虎）と呼ばれた第一四航空部隊（シナ方面）司令官のシェンノート将軍と折り合いが悪く、蔣介石や宋子文がシェンノート支持だった為と考えられる（下巻九四頁）。

シナ共産党の狡猾さ

回想録後半の白眉は、アメリカがソ連及びシナ共産党に対する政策を誤り、また共産主義者に利用されて、冷戦という泥沼に引きこまれてゆくプロセスを、ウェデマイヤーがあくまでインサイダーとして描いている部分である。ウェデマイヤーの様に、共産主義者の恐ろしさを知っているアメリカのリーダーはきわめて少なかった。ルーズベルト大統領にしても、彼の元の上司で恩人であるマーシャル陸軍参謀総長にしても、共産主義者の脅威に鈍感であった。更に、アメリカ政府内には共産主義者のシンパ、スパイが既に多数侵入していた。またマスメディアの中に同様の人々が多く存在していた。

ウェデマイヤー自身の体験に即していえば、アメリカの対シナ政策の過ちは、彼が自ら奮闘してそれを正そうとしたにも関らず、果たせなかったがゆえに、いっそう悔いの残るものであった。

対シナ政策をアメリカが誤った最大の原因は、特にシナの共産主義のリーダー達を、何やら童話的な存在のように把えていた事であった。「シナの共産主義者はソ連の共産主義者とは全く異なる。シナの共産主義者は、大衆を貧困から救う為に、単に大土地所有制度を改革しようとしている近代化論者に過ぎない。毛沢東はジェファーソンのような人物である」。当時このような悪質なデマゴギイが流布していた。

シナの重慶に赴任したウェデマイヤーは、毛沢東・周恩来と直接議論をする事により、彼らが単なる善意の土地制度改革者ではなく、スターリン同様の筋金入りの共産主義者である事を正しく見抜いていた。

さらに周恩来は、レーニンの次の言葉を引用した、「プロレタリア階級は資本主義を破壊し尽くすまで、資本主義に対する闘争を続けなければならない」。

この議論は、その大部分が通訳を通じて行なわれたので、議論の進行がおそく、私はこの会見で、これら二人の共産主義指導者の意図を誤りなく、はっきりと確証しようと努力していたので、この会見は骨の折れるものであった。私はこれまでたびたび、中国共産主義者たちは真のマルクス主義者ではなく中国人民の福祉をねがう単なる土地制度の改革者にすぎない、と聞かされていた。

しかし、非公式な形式で行なわれた、この歴史的会見で、彼らが土地制度の改革者にすぎないという風評は、真実でないことが証明された。中国共産主義者は国民の福祉をねがう、単なる土地制度改革者にすぎないという風評は、当時、アメリカに広く宣伝されていたのであった。毛沢東と周恩来が帰って行くとすぐに、私はこの大議論を記録に残しておいた。（下巻一二七頁）

こんな事は、現在から見ると当たり前と思われるかも知れない。当時のアメリカのリーダー達を愚かだったと笑う事はやさしい。しかしシナの共産主義者を何か特別なヒューマニストの様に把えるという、エドガー・スノーやパール・バック以来の意図的な宣伝は、田中角栄による日中国交樹立の時にも大々的に行われ、今もマスメディアで力を持っているのである。決して過去の外国の話ではない。

ウェデマイヤーはシナ共産党が、日本軍と国民党軍を戦わせて相互に疲弊させ、やがては天下を制する「漁夫の利」戦略をとっている事を早くから見抜いていた。中共軍は実際、日中の主要会戦には全く参加せず、日本軍の小部隊を隙を見つけては奇襲していたに過ぎなかった。（下巻一二二頁）

この為もあってか、日本帝国陸軍・政府には多くのシナ専門家がいたが、「八路」が将来シナを統一するなどと予測した者は一人もいなかったようである。

私は中国赴任後、直ちに中国の現状を理解したといおうとしているのではない。私の上司であるマーシャル参謀総長と同様に、私はスチルウェル将軍の報告によって、中国に対して偏見をいだいていたが、マーシャルやスチルウェルとちがい、共産主義者の脅威について注意しなければならない、ということを過去において経験していた。中国共産主義者の非情な目的をはっきりと確認するようになるには、いくらか時間がかかったけれども、私は中国赴任の当初から、彼らについて夢はいだかなかった。（下巻一二二～一二三頁）

（略）中国共産主義者の主たる関心は、日本軍の攻撃によって国民政府軍が撤退したあとの地域を占領することにあったので、毛沢東や周恩来などの中国共産党指導者たちが、日本軍との戦争に関心を持っていないことを、私は知った。（下巻一二四頁）

なお回想録は、一九三七年一〇月毛沢東が部下に与えた指令として、次のような文章を引用している。この文章は一九四一年三月、人民政治委員会に提出され、一九四四年重慶において最高国防委員会から公表されている。

「中日戦争は、わが中国共産党にとって、党勢拡張のための絶好の機会を提供している。わが党の一貫した政策は、その精力の七〇パーセントを党勢拡張に、二〇パーセントを国民党との取り引きに、残る一〇パーセントを日本軍に

対する抵抗にふり向けることである。」（下巻一二〇頁。典拠については下巻一五五頁注を参照）

実際シナ共産党は、この戦略を貫徹してシナの覇権を獲得した。シナ共産党が「我々は日本帝国主義からシナ人民を解放した」と主張するのは全くの嘘である。回想録によれば、昭和二〇年に入っても、シナの日本軍はかなりの戦闘力を保持していた。日本軍がシナから撤兵したのは、国民党軍の故でも、まして共産党軍の故では全くない。太平洋方面において、アメリカ軍に敗退したからである。

満州をソ連に売ったヤルタ協定

一九四五年二月のルーズベルト、スターリン、チャーチルによるヤルタ会談が、アメリカ外交史上の最大級の失敗である事は、今や誰の目にも明らかであろう。アメリカは、ヤルタでの協定で、ドイツの分割のみならず、東ヨーロッパ、バルト三国をソ連の勢力圏と認め、さらに南樺太と千島列島という日本領土のソ連領有を、対日参戦の代償として認めたと言われている。シナ問題に関していえば、満州をソ連の勢力圏として認めてしまった事が、後にシナ共産党がシナ全土と満州を制圧する布石となってしまった。

ウェデマイヤーは、次のようにルーズベルトとチャーチルの過誤を批判する。

中国の満州に対する主権は、カイロ会議のさい厳粛に承認され、その後の会談で再確認された。しかしヤルタ会談のとき、ルーズベルトとチャーチルは、ソ連が日本のあとがまにすわりこんで、満州を支配できるような、また影響を与えるところが大きい譲歩を、スターリンに対し秘密に約束していた。たとえば、旅順は一九〇四―〇五年の日露戦争前のように、再びソ連の海軍基地となり、大連はソ連が税関の検査を受けず、関税を支払わないで商品を売りさばくことのできる自由港となり、ソ連は大連の港湾施設の半分を所有することにとりきめられた。

また、ソ連の満州鉄道の共同所有権も認められた。このように、スターリンに対して満州の事実上の支配権を与えることになる、こうしたすべての譲歩に対し、はっきり同意することを余儀なくさせるよう、蔣介石に圧力を加えることが保障されていた。（下巻二三五頁）

蔣介石はこれに抗議せずにアメリカの政策に同調した。一九四五年八月に調印された中ソ条約では、ソ連政府の対シナ支援はすべて国民党政府に対して行われることになっていたが、ソ連はこれを裏切り、米英はこの条項の履行を徹底して求めなかった。ソ連は、シナ共産党を使って、最初から国民党政府の打倒を画策していた。ヤルタ合意に関しては、ルーズベルトが、第二次大戦後の世界秩序構築のパートナーとしてスターリンをあまりに高く評価した為、彼の欺瞞に翻弄された、とはよく指摘される所である。しかし筆者として解せないのは、チャーチルの態度である。何故彼はソ連に対して過度に妥協的であったのか、しかも第二次世界大戦の勝利が確定的になった時点においても、という疑問は残る。彼の有名な「鉄のカーテン演説」も、考えようによっては、ソ連勢力圏を承認したものとも解釈できる。

筆者は、チャーチルは敢えて米ソ対決の対立構造をつくり、強くなり過ぎたアメリカを、ソ連によって牽制させ、大英帝国が漁夫の利を得るように仕組んだのではないか、とも邪推している次第である。

対ソ融和政策を推進させたもう一つの有力なファクターは、アメリカ政府の内外に張りめぐらされた共産主義者のネットワークであったろう。

（略）Ｊ・エドガー・フーバーの名著『詐欺師』（Masters of Deceit）のなかに述べられているように、共産主義の同調者とソ連のスパイは、アメリカ政府機関の一部に浸透し、アメリカの政策、計画および公式見解などはこうした浸透者の影響を受けただけでなく、これらの事柄は直ちにモスクワに報告されていた。そのうえ、アメリカは国際的な陰謀の面ではまだ子供であったので、事態の真相をつきとめるだけの能力を持っていなかった。（下巻二三八頁）

この共産主義者のネットワークを根絶する為にアメリカはジョセフ・マッカーシーの赤狩りを必要としたのであろう。

なおヤルタ合意に対する総合的な批判に関しては、拙論「ブッシュ米大統領のヤルタ合意批判」（『日本文化』二〇〇五年第二二号）を参照して頂きたい。

シナの共産化を防げず

一九四五年一二月マーシャル将軍からウェデマイヤーに、同将軍が米大統領特使としてシナに来訪するとの連絡が入る。これが不幸な事に、マーシャルとのシナ問題をめぐる対立の始まりとなった。一言でいえば、マーシャルはシナにおいて、国民党と共産党の連立政権が可能であると考え、この構想を推進した。ウェデマイヤーは両党の連立は不可能と考え、尊敬する元の上司であり、彼の才能を見い出してくれた恩人でもあるマーシャルを批判せざるを得なくなってくる。

一九四六年五月ウェデマイヤーはアメリカに帰国する。始めウェデマイヤーをシナ大使に推していたマーシャルだが、シナ共産党の反対でこれを撤回せざるを得なくなった。

マーシャルは第二次大戦の勝利に貢献した偉大な軍人であり、国務長官としてもマーシャル・プランを提案しヨーロッパの戦後復興を助けた有能な政治家でもあった。しかし、シナ大陸においては、その共産化に手を貸すという大失策を犯した。ウェデマイヤーは自らの最も尊敬する人物を敢えて次の様に書かざるを得なかった。

（略）マーシャル将軍は絶対権力こそ持たなかったが、将軍の第二次大戦の終結時における名声はきわめて高く、その政治的な影響力は圧倒的なものがあったので、将軍は不可能なことを可能であると考えた。こうして、自己の目的を達成するため、将軍のうぬぼれを利用した共産党の秘密党員や、共産主義に同調するへつらい者のために、将軍はまんまとそのえじきにされたのである。もし、そうでないというのであれば、中国国民党とモスクワの支持する中国共産主義者との基本的に相反する政治目的を調停しようとして、水と油を混ぜ合わせるような不可能なことが実現できるとは、将軍は決して信じなかったであろう。（下巻二七四頁）

国務長官としてのマーシャルは全く矛盾する外交政策を同時に実行する事となる。彼は共産主義者を排除する為にギリシャに対して四億ドルの援助を勧告する一方、他方では蔣介石への援助を凍結して共産主義者と妥協するように圧力をかけ続けたのである。アメリカの対シナ政策は完全に混乱していた。

一九四七年七月トルーマン大統領は、ウェデマイヤーにシナ使節団を組織し、対シナ政策に関する勧告を行うように命じている。使節団は九月に報告書を提出し、シナにおいては国民党を支持し、朝鮮半島においても南朝鮮を支持し、アメリカは共産主義の脅威に断固として立ち向かうべきである、と結論づけている。

世界における、自由を愛好する諸国民の平和的な目的は、第二次大戦をもたらしたと同じ不吉な情勢の進展のために、いまや危険にさらされている。

ソ連とその衛星国は、こうした事態において、融和的または協調的な態度を示していない。したがって、アメリカは自由を守るための防波堤を建設し、維持するために、またアメリカの戦略上の利益を保護するためにも、現実的な行動をとることを余儀なくされている。

大部分の中国人と朝鮮人は、共産主義を受け入れる気持ちになっておらず、またイデオロギーに関心がない。彼らが希望しているものは、食糧と住居と平

和に生活するための機会である。（報告書第四部の「結論」の冒頭部、下巻四四三頁）

そもそも一九四五年八月、日本の敗戦が決定した時点で、ウェデマイヤーは米陸軍省に、米陸軍七個師団をシナに派遣するように要請している。ソ連軍の南下を万里の長城の線で防ぐ為であった。この案は実現しなかった。

更に丁度この二年後一九四七年九月のレポートの勧告がすぐさま実現していれば、シナ共産党の支配地域は長江の北にとどまっていた筈である。このレポートは次のように予測していた。

中国共産主義者は、軍事情勢全般で主導権を握っている。……情熱がひきつづき悪化すれば、……共産主義者の支配する中国にまで発展するであろう。（下巻四四四頁）

マーフィーの法則よろしく、事態は予測された最悪のコースをたどったのである。ウェデマイヤーの先見の明が生かされていれば、少なくともシナの南部には国民党政府が存続していた筈である。そうすれば朝鮮戦争もベトナム戦争もない平和な世界になっていたかも知れない。

二〇〇五年五月七日ラトビアの首都リガでブッシュ大統領はヤルタ協定を批判し、

未来に向けてこう警告した。

この安定という目的のために自由を犠牲にしようという企ては、しかし結局ヨーロッパ大陸を分裂させ、不安定なものにしただけであった。（中略）我々は、ヤルタ協定で行ったような過去の過ちを繰り返してはならない。専制政治・独裁者を宥和しようとしたり、見せかけの安定の為に自由を犠牲にするのは重大な過ちである。いかなる国、何者の自由も犠牲にしてはならない。長期的には、真の自由を追求してこそ、真の安定も生まれるのである。

米中新冷戦が深刻化している二〇一六年の現在でも中国や北朝鮮の独裁政権に対して、宥和政策を唱える人々がいる。彼らはその融和政策を現実的なものと主張して止まない。本稿冒頭でも述べたように、能力を越えた理想を追うのは愚かな行為である。しかし、能力があるのに、自国の独立と安全、そして友好国の自由を犠牲にするのは、卑怯そのものである。

いま明らかになった大東亜戦争の真相
――「FREEDOM BETRAYED」の衝撃

稲村公望

大戦史『裏切られた自由』の翻訳を期待する

今年は、日本が大東亜戦争で米英蘭ソ中の連合国に負けてから七十周年を迎える。筆者は、雑誌『月刊日本』の平成二四（二〇一二）年二月号に、歴史学者のジョージ・ナッシュ氏が編集した、「第三十一代米国大統領の回想録『FREEDOM BETRAYED（裏切られた自由）』」の要点について紹介記事を書いたことがある。同書には、大東亜戦争の歴史の書き換えを迫る重大な指摘と記録が含まれていると考えているので紹介したものであるが、確かに大きな反響があった。急いで邦訳されることが大切だと考えて、総理官邸をはじめ、外務省の幹部にも邦訳すべきと進言と陳情をして回ったが音沙汰はない。英文で一〇〇〇頁近くの大部冊であるが、内閣の経費や組織力を使って翻訳すれば、短時間で完成するし、あるいは新聞社などマスコミの外信・外報部あたりがチームを編成して翻訳作業に当たれば短時日で完成でき、邦訳する価値がある資料であると説得を重ねた。世界に向けて歴史事実を発信している団体が翻訳の音頭をとる動きがあり、翻訳権取得が困難であると聞き及んではいたが、一日千秋の思いで待ってはいても、邦訳出版される気配はない。

戦後七〇年がたって、大東亜戦争の本質についての異論を唱えることは、歴史修正主義というレッテルを貼られて糾弾されるのがおちのような情勢である。しかし、米国大統領の回想録であるから、米国民も歴史修正主義者と決めつけて誹《そし》るわけにはいかないだろうと期待しながら、また、日米戦争の本質が書かれているから却って日本語への翻訳が意図的に阻害する勢力がいるのではないかと疑心暗鬼になったりもしている。敗戦国日本の汚名を削《そ》ぐためには、翻訳の遅れを嘆いてばかりいるのは、時間の無駄であると決意して、戦後七〇年にあたり、自虐史観あるいは「東京裁判史観」という戦勝国の押しつけを克服するための必読の文献資料であると考えるので、その要点を、記事として再度まとめて記録して、翻訳の完成を待ちながら、自立・自尊の日本を追求して名誉を回復する一助としたい。

真珠湾攻撃の前に、米国は日本侵攻を企画していた

開戦七〇周年の年の一二月八日に憲政記念館で、「アメリカはなぜ対日戦争を仕掛けたのか」と題する講演会が開催された。満員の盛況だった。YouTubeに掲載され、急逝したブロガーの花うさぎこと故安仲徹男氏が講演要旨をまとめている。

①一九五一年五月三日、マッカーサー元帥は、上院軍事外交委員会において、「日本の真珠湾攻撃は正当な「自衛権」の行使と証言。②経済封鎖は戦争行為であることはパリ不戦条約作成者の一人であるケロッグ国務長官が上院軍事外交委員会で（真珠湾攻撃の一三年前の一二月七日）認めた。③日本本土爆撃計画が大統領に提出されたのは、真珠湾攻撃の五か月前の七月一八日で、ＯＫのサインが七月二三日に出された。蔣介石の米国人傭兵が操縦する三五〇機の戦闘機と一五〇機の爆撃機が大陸から日本各地に焼夷弾を投下する計画だったが、飛行機の引き渡しが遅れ真珠湾攻撃が先になった。戦争回避をめざす交渉打ち切りの通告が攻撃開始後に遅れた懈怠《けたい》（怠けること）があったとしては糾弾されるが、最後通告を米側は傍受解読して読んでいた。また実際は遅れていなかったと報道した米国の新聞記事も残って

いる。

一九四一年一二月八日午後一二時三〇分から、ルーズベルト大統領の米国議会の両院合同会議で演説して、「昨日、一九四一年十二月七日、この永遠に汚辱（Infamy）に生きる日に、アメリカ合衆国は、日本帝国の海軍及び飛行部隊に突然、そして計画的に襲撃されました」と、全米にラジオ放送したが、日本に対する先制爆撃計画については触れず、卑劣な騙し討ちとするリメンバー・パールハーバーの怒号のみが残った。

一九九一年一二月二六日にＡＢＣが、バーバラ・ウォルターズ氏が司会する秘密爆撃計画についての特集テレビ番組を放送したが話題にならず（YouTube の http://youtu.be/ClcX_Fr3qyQ 参照）、日本爆撃計画の全貌が明るみに出たのは、戦争が終わって五二年も経った一九九七年である。米陸軍航空隊シェノールト退役大尉がロークリン・カーリー大統領補佐官等の支援の下で立案して、大統領の承認を得た計画の全貌が、アラン・アームストロング氏により二〇〇六年に出版され、塩谷紘氏を翻訳者として、二年後に『「幻」の日本爆撃計画――「真珠湾」に隠された真実』（日本経済新聞出版社）として出版された。

日本への先制爆撃計画「ＪＢ―三五五」を承認したルーズベルト大統領のサイン

入り文書の写真が掲載されている。ちなみにカーリー補佐官は、ソ連に機密情報を提供したとして一九五六年に米国籍を剥奪され、冷戦のさなかに南アメリカのコロンビアに亡命した人物である。ルーズベルト政権中枢に共産主義者が浸透していたことは、対ソ諜報活動をまとめた「ベノナ文書」で明らかにされている。

さて、田中英道教授の『戦後日本を狂わせたOSS「日本計画」』（展転社）の出版も、日本が戦後政治の分水嶺を越えた証左である。戦時中の戦略情報局（OSS）文書が解禁され、戦後史の根本的な書き換えが始まり、同書は、ルーズベルト大統領が社会主義者であり、親中反日に固まった人物で、日本の一八都市に原爆投下命令書にサインをしたこと、対日戦後政策が昭和一七年には既に作成されており、フランクフルト学派に影響を受けたOSSがOSSの占領政策のお膳立てをしたとする。「従軍慰安婦」問題の発端がOSSの謀略にあるとし、野坂参三の帰国についてもOSSの後押しがあったと指摘して興味深い。近衛文麿がハーバート・ノーマンに殺されたと解説して、OSSが中国の共産化を成功させ、ケーディス大佐を中心とする民政局の心理作戦が戦後のメディアや社会風潮に残存してしまった、日本をドイツのように犯罪国家に仕立てた経緯を述べて、ソ連がビヒモスであったことをフランクフルト学派が追及しないことは世界を荒廃させた原因だと解説する。

さて、一九四八年の原著出版元のエール大学出版局に不買運動が起きて禁書同然に扱われた幻の名著、チャールス・A・ビアード博士の『ルーズベルトの責任——日米戦争はなぜ始まったか』が、藤原書店から邦訳が発売されている。ルーズベルト大統領が米国を戦争に巻き込んだ張本人だと糾弾した大著である。

フーバー大統領の「FREEDOM BETRAYED（裏切られた自由）」（ジョージ・ナッシュ編）が死後四七年を経て出版された。戦後訪日し、マッカーサーと会談して「日本の戦争の全てが戦争をしたい『狂気の男』の欲望によると指摘して、マッカーサーが同意した」等と記録していた。日本の近代史に書き換えを迫る新事実が続々と内外で公表され、東京裁判史観の混乱と原因を清算する時が来たようだ。

大統領とマッカーサーの意見の違い

フーバー大統領の回想録は、九五七頁に及ぶ大部冊であり、全文を読むことには困難があるが、その重要な部分を紹介する。

編者のジョージ・ナッシュ博士の経歴は、次のリンクのサイトに掲載されている。

http://www.kirkcenter.org/index.php/nash/

フーバー元大統領は、終戦直後に来日して、マッカーサー将軍と会見している。その会話記録のなかで、「太平洋における第二次世界大戦は、狂った男の戦争に入りたいという欲望から生じた結果である」と直裁に述べたと記録している。狂った男とは、フランクリン・ルーズベルト大統領のことである。会見記録は、

①米国は一九四一年に日本との戦争を回避できたこと

②米国は、原爆を投下しなくても一九四五年に日本に勝利できたと、フーバー大統領が回想録に記録していることを裏付ける資料である。

「第九文書」と題する記録を翻訳してみる。

日本一九四六年五月四、五、六日　東京

私は、ダグラス・マッカーサー大将と、五月四日の夕方に三時間、五日の夕方に一時間、そして、六日の朝に一時間、サシで話した。

マッカーサーは、アジアの同盟国と南太平洋の全ての運命が大切な時期に補給が細って飢餓状態になっているとして、ルーズベルト大統領に対して苦々しく考えていた。マッカーサーは、一人あたり三トン半の補給を受けているが、北アフリカが一人あたり一四トンの物資の補給があったのに比べると非常に少なかった。

マッカーサーは、ルーズベルトはいろいろなやり方で復讐心（vindictiveness）を示したと述べた。マッカーサーだけが、集団での意見交換の会合に呼ばれていなかった。ホワイトハウスのコラムニスト連中は、マッカーサーを見下すことが多く、（その点、ルーズベルトが、マッカーサーのことをマクレラン〈南北戦争の時にリンカーン大統領に反対した軍人〉と呼び、問題児と呼んでいたことを確認できる）。ホノルルでの意見交換会議があったときに、マッカーサーは、大統領との個別の会見は予定されていなかった。大統領の演説の起草を担当していたローズマンと海軍の連中が、海軍の指揮下で、北太平洋のルートで軍をすすめる計画を推した。そこで、マッカーサーは強硬に一〇分間、サシで大統領に会見をすることを要求している。マッカーサーは大統領とサシの会談で、もし、一九四四年の選挙以前に進展があることを期待するのであれば、南ルートで、島伝いにフィリピンに侵攻することによってのみ、達成されると大統領に述べた上で、一九四四年の一一月にもフィリピン上陸が可能であると進言している。マッカーサーは、ルーズベルトの関心を喚起して、承認を取り付けた。この会談の一部始終を、ローズマンは壁耳をして、聞き耳を立てていた。ルーズベルトは、ニミッツ提督が激怒したとされるが、海軍の提案を受け付けなかった。

マッカーサーは、ニミッツが、自分を許していないと述べた。マッカーサーによれば、ルーズベルトが関心を持ったのは、自分自身の政治的な可能性だけで、優れた戦略を論じる観点からは、効果のない話であったとしている。

マッカーサーはフィリピンを取り返して以降は、いつでも日本と和平ができたと考えている。「日本の軍事的なギャングどもは、自分たちを支えている足が切り落とされれば、敗北する」ことを知っていたからである。しかし、ルーズベルト大統領は、日本に対して最後の詰めの行動を自ら指揮することをしないと決め込んでいた、とマッカーサーは言う。最後の（日本を降伏させる）指揮は、ニミッツ提督に行わせる手順であった。沖縄戦での被害が比較的に大きかったことが、トルーマン大統領に影響を与え、それに、世論が加わったことで、最後の決断が行われた。

私は、マッカーサーに対して、トルーマンにあてて一九四五年の五月半ばに、覚え書きを提出したことを紹介して、その内容は、日本と和平を達成することができれば、我々の主な目的は達成されるという内容であったことを伝えた。マッカーサーは、その通りが正しく、そうしていれば、すべての大損害、複数の原子爆弾、満州に対するロシアの侵入も避けることができたと述べた。

私は、日本の戦争の全体が、戦争に入りたいという狂人の欲望であったと述べたところ、マッカーサーも同意して、又、一九四一年七月の金融制裁は、挑発的であったばかりではなく、日本が、その制裁が除去されなければ自殺行為になったとしても、戦争をせざるを得ない状態に日本を追い込んだ。制裁は、殺戮と破壊以外の全ての戦争行為を実行するもので、いかなる国といえども、品格を重んじる国であれば、我慢できることではなかった。マッカーサーは言葉を続けて、ルーズベルトは、一九四一年の九月に近衛と和平を達成できた筈だと述べ、そうすれば、太平洋と、中国の自由、そしておそらく満州の自由を確保するという米国の目標を全て獲得していたに違いない。また、マッカーサーは、近衛は、天皇から、完全撤退に合意することの承認をもらっていたと述べた。

マッカーサーは、ポーリーとFECそれに報復的なリベラルの連中は日本を破壊しようとしていると述べた。マッカーサーは、そのリベラルの連中の報告や態度については、感情を高ぶらせた。その一例として、ポツダムでの合意を挙げて、マッカーサーは、建設的な計画であるという大局の精神から作られたとした。マッカーサーは、日本が平和時の経済を取り戻して、産業を再構築すれば戦後の賠償を払うことができるが、そうでなければできないと、述べた。そうした理由で、必要なことは、武器の製造工場を破壊し、日本人を武装解除して、それを監視するための委員会を継続して、一時間くらい離れた島に飛行場を持つことであるとした。マッカーサーは、日本の軽工業あるいは重工業のいずれをも抑制することは必要ではないとして、現在工場施設を取り除くという脅しがあるために、産業再生に向けた行動ができない状況にあると述べた。マッカーサーは、マーシャルが中国で成功する確率は、二〇〇〇分の一であるとして、また、ソ連との交渉においてロシアの妨害を細部に亘って説明した。ソ連は、持続的に日本ジャップに政治宣伝を行なっており、日本の捕虜の間で共産主義の学校を作り、日本に浸透作戦を行っている。もし、日本の生活水準が低下して重い賠償金が課せられることになれば、日本は、自由を求めて、又ロシアの保護を求めるために共産化する可能性があり、アジアにおける共産主義の潮の流れに対抗して、日本から太平洋に広がる思想的なダムを造ることが必要だと述べた。

迅速に止めなければ、ソ連は満州国に傀儡国家を作る可能性があるが、軍事手段を持って阻止するのではないと、マッカーサーは考えている。

大統領になる気はなかったマッカーサー

一般的に言って、マッカーサーは、太平洋における戦争の結果について悲観的な見方をしている。

私は、マッカーサーに対して、米国内で、一九四八年の大統領選挙の立候補者になることを期待する向きが多いと述べて、自分もマッカーサーが当選することを信じると述べたところ、マッカーサーはその気がないと述べたので、そうだろうと結論づけた。

本国アメリカでは、道徳的なそして政治的な退化現象が大きくなっており、不満や、極度の華美、賭博などが大きくなっていると述べて、一九四六年の選挙のあとの適当な時に、帰国して米国国民の評価を受けるためには、道徳問題と、政府、そして外国との関係の三つの課題についての演説会を行うことができれば、洗者聖ヨハネのようにアメリカが必要とする人物になることができると述べたところ、マッカーサーは、いつが適当な時期なのか教示して頂ければ、実行に移そうと述べた。マッカーサーは、三〇年から三二年までの、我々の関係について同情的に述べ、更には、マッカーサーが、(フーバーの)準備計画を防御する為に、ルーズベルトとの確執が起きた最初の理由であったことや、ルーズベルトがその計画の削減のためにいかにこだわったかなどについて縷々述べた。私が、日本人のための食糧計画に反対するのではないかとおそれていたらしく、マッカーサー将軍の部下から提案されていた、栄養の最低を一〇〇〇キロカロリーにすることに賛成したことに感謝した。その数字は、生存するためには低い数字であるが、それまでは、より高い栄養がとれないと失望状態にあったからである。

マッカーサーの部下の一ダースくらいの数の人と、戦争と平和、日本経済、アジアの諸問題について意見を交換した。彼等の心を占めていたのは、ロシアの脅威であった。だから、日本を訪れていた空軍の司令官の一人は、私に真剣な顔をして、九〇日以内に戦争にならないだろうかと尋ねてきた。空軍の組織をガラガラにしたばかりの時だったから、早く、何とか空軍の組織の立て直しをしなければならないと考えたらしい。私は、大丈夫だ、ロシアは、収穫時期を過ぎなければ戦争を起こさない(時は五月で、北半球の秋の収穫の時期は八月か九月である)と答えておいた。

（注。マーシャルは、中国で国民党と共産党を和解させるために訪中していたし、統一中国を造ることをめざしていた。ポーリー（Edwin A. Pauley）は、トルーマンが任命した人物で、ヨーロッパではドイツの賠償についてのアメリカ代表を務め、日本と、ソ連が占領した朝鮮と満州の日本の財産についての米国の賠償問題に関する代表団の団長を務めた）

ルーズベルト大統領の一九の失敗

フーバー大統領の回想録の最後の章が、〈失われた政治家道〉と題して、七年間のうちに一九回の大失敗があったとする。原稿は、一九五三年に執筆されたとされるが、「私は、戦争に反対して、その戦争に関するあらゆる政策に反対した」と書き、しかも、「言い訳をすることもなく、残念に思うこともない」と、ルーズベルトとトルーマンの外交政策を強烈な口調で糾弾している。

仮の訳を続けてみよう。

この世に惨害をもたらしたのは、スターリンとヒトラーだとして、しかも悪魔の様な人物であるから、いかなる検証も要しないとして非難する一方で、トルーマンとルーズベルトを擁護する向きがある。しかし、米国と英国の政治家の失われた政治家道を見直してみれば、スターリンとヒトラーに対処するに当たって大失敗をしたことは明らかで言い訳の余地がなく、こうした大失敗がなければ、西側世界に大災害をもたらすこともなかった。混乱する状況のなかで、誰に責任があり、何時、何の失敗があったのかを読者が忘れないように記録することとして、具体的な事実とその理由を、この回想録のなかで、詳述している部分に言及し、読者にその章を紹介することとする。

一九三三年の世界経済会議

ルーズベルト大統領が国際的な政治家道に失敗した最初の重要な事例である。世界経済会議は、英国のマクドナルド総理大臣と当時の大統領の私が準備した会議で、一九三三年一月に開催を予定していたが、ルーズベルトが破壊した。ルーズベルトが選挙に勝利して、六月に開催を延期した。その時丁度世界は、世界的な不況から経済の回復基調にあったが、一方で通貨戦争があり、貿易障壁を増加させる戦争があった。準備作業が専門家の手によって進められ、ワシントンに一〇人の総理大臣が集まって、国際決済に金標準を用いることに合意した。それにもかかわらず、会議の最中にルーズベルトは翻意して、金本位制の導入にひびを入れたために、会議は不調となり、達成する結論がなく死んでしまった。ルーズベルトの国務長官であったハルは、この会議の失敗が第二次世界大戦の根っこにあるとして、ルーズベルトの取った行動を表に出して非難している。

ルーズベルトの第二の失策が、共産ロシアを一九三三年一一月に承認したことである。四人の大統領と、五人の国務長官にわたって、共和党か民主党かを問わずに、そのような承認行為を、(国際共産主義運動の目的と手法、したことの全体を知った上で)ずっと拒否してきた。宗教の信仰や人間の自由とを失わせ、民族や国家の独立をぶちこわすような黴菌を運ぶように、アメリカに浸透してくることを知っていたからである。米国が共産ロシアを承認すれば、ソ連の威信と国力が高まることを知っていた。ルーズベルトが合意したのであるが、共産主義は、米国の国境の内側では活動しないという、狡猾な合意が約束されたが、その約束は守られることはなく、四八時間後には反故にされた。共産主義の機関車と、それに乗った共産主義の乗客が、政府と高いレベルに入り込み、第五列の活動がアメリカ全土にひろがり、大統領であった一二年間の長きに亘って、反逆者の行為が続いた。

つまり、ヒトラーとスターリンという二つの怪物が戦ってつぶし合いになることが不可避の状況にあったのに、政治家道を失った者は、そのつぶし合いを止めることに努力したのである。

第四の失敗は、イギリスとフランスとが、ポーランドとルーマニアの独立を一九三九年に保証したことである。その時点で、これまで、ヒトラーとスターリンとが戦うことが避けられない状況であって、その際ヨーロッパの民主主義国は介入しない方針をとっていたのであるが、その方針が変わったのである。これは、ヨーロッパ外交史のなかでも、力関係の外交を見た場合に、歴史上最大の失策であった可能性が高い。イギリスもフランスも、ポーランドを侵略行為から救い出す力がなかったのにもかかわらず、この保証をすることで、ヒトラーとスターリンとの間に、民主主義の体制を餌食のように投げ出すことになった。

スターリンをヒトラーから守ることになったばかりか、スターリンの影響力を、一番高く買った者に売ることができるようになったのである。スターリンは、バルト海諸国と東ポーランドを併合した。スターリンは、ヒトラーから獲物をうばったのである。ヒトラーは、南東ヨーロッパに拡張して、モスクワの共産党の本山を破壊することを放棄したわけではなかったので、まず、前進するためには、西側の民主主義国の中立化を図る必要があった。

第二次世界大戦の長い汽車がこの、ポーランドの保証という過ちから、発車することになった。ルーズベルトが関わったことは確かであるが、どの程度の関与であったかを確定するには、資料が不完全である。チャーチルは、政権をとっていなかったが、ミュンヘンでヒトラーと妥協してチェンバレンがめちゃくちゃな行動に出ることに貢献した。

第五の誤りは、四一年の冬にルーズベルト大統領が、米国がドイツと日本に対して、宣戦をしないで戦争を始めた。これは、数週間前の選挙の約束に全面的に違反する行為であった。一九四〇年の大統領選の公約に違反するものであった。ルーズベルト大統領は、ヒトラーがロシアを攻撃することを知っていて、ロシアに情報を提供もしていた。ドイツに対する宣戦布告無き戦争を回避するべきであった。貸与法においても、イギリスに対して、金融の方法で、武器を、そのほかの物資や、船舶を購入するとか、国際法を遵守すべきであった。つまり、政治家道は、その事態のなかで、注意深くじっくり待つ政策をとることが必要であった。

アメリカの歴史の全史を通じてもっとも政治家道が失われたのが、ヒトラーがロシアを一九四一年に攻撃したときに、共産ロシアを支援して、アメリカとロシアが非公然の同盟関係になったことである。大英帝国を救うにはアメリカの軍事力が必要であるとする考え方は例え誤った理論であったにしても、どこかに消えてしまった。

ロシアを米国が支援するということは、共産主義が世界に広がることであった。ドイツとロシアの戦争に米国は巻き込まれるべきではなく、平和が持続するという最大のチャンスがあったのであるが、それをルーズベルト大統領は、その機会を無視して捉えることができなかった。

太平洋での日本の戦争は、自衛の戦争だった

いよいよ、フーバーの回想録は、日本について言及を始める。第八番目の大失態として、一九四一年七月の日本に対する経済制裁に言及する。圧巻である。原文は

僅か五行に整理されている。太平洋での日本の戦争は、自衛の戦争だったのである。七月の全面経済制裁は、弾を撃たない戦争であった。戦争を仕掛けたのはアメリカのルーズベルト側であったと、フーバー元大統領は回想録にまとめて書いている。

第八番目の、ルーズベルトが犯した壮大な誤りは、一九四一年七月、つまり、スターリンとの隠然たる同盟関係となったその一ヶ月後に、日本に対して全面的な経済制裁を行ったことである。その経済制裁は、弾こそ撃っていなかったが本質的には戦争であった。ルーズベルトは、自分の腹心の部下からも再三に亘って、そんな挑発をすれば遅かれ早かれ（日本が）報復のための戦争を引き起こすことになると警告を受けていた。

ハーバート・フーバー元大統領の回想録は続く。

第九番目の失敗が、ルーズベルトが近衛総理大臣の和平の提案を受け入れ拒否したことであると書く。

この和平の提案を受け入れられることを、日本に駐在するアメリカの大使もイギリスの大使も、双方が祈るが如く、和平提案の受け入れを促すものであった。

近衛が提案した条件は、満州の返還を除く全てのアメリカの目的を達成するものであった。しかも、満州の返還ですら、交渉して議論する余地を残していた。皮肉に考える人は、ルーズベルトは、この重要ではない問題をきっかけにして自分の側でもっと大きな戦争を引き起こしたいと思い、しかも満州を共産ロシアに与えようとしたのではないかと考えることになるだろう。

以上が、フーバー回想録に Refusal to Accept Konoye's Peace Proposals との題で記録されている。

近衛文麿は、昭和二〇年一二月一六日未明に自決したときの「遺書」に、「僕は支那事変以来多くの政治上過誤を犯した。これに対して深く責任を感じておるが、いはゆる戦争犯罪人として米国の法廷に置いて裁判を受けることは堪へ難いことである。殊に僕は支那事変に責任をかんずればこそ、此事件解決を最大の使命とした。そして、此解決の唯一の途は米国との諒解にあるとの結論に達し、日米交渉に全力を尽くしたのである。その米国から今犯罪人として指名を受ける事は、誠に残念に思ふ。しかし、僕の志は知る人ぞ知る。僕は米国に於てさへそこに多少の知己が在することを確信する。戦争に伴ふ興奮と激情と勝てる者の行き過ぎた増長と敗れた者の過度の卑屈と故意の中傷と誤解に基づく流言飛語と是等輿論なるものも、いつか冷静さを取り戻し、正常に伏するときも来やう。是時始めて神の法廷に於て正義の判決が下されやう」と書いた。

フーバーの回想録は、昭和一六年の一一月に、天皇陛下が三ヶ月間のスタンドスティル、すなわち冷却期間をおこうとの提案を、駐日の米国大使を通じてされたが、ルーズベルトはこの提案をも拒否したと書いている。米国の軍事担当も、冷却期間の提案を受け入れるべきであるとルーズベルト大統領に促している。

当時、日本はロシアが、同盟関係にあったヒトラーを打倒する可能性を警戒していたのである。九〇日の冷却期間があって、（戦端開始の）遅れがあれば、日本から全てのこの部分を取り去ることになって、太平洋で戦争をする必要を無くしたに違いない。スティムソンの日記が明らかにしたように、ルーズベルトとその幕僚は、日本側から目立った行動が取られるように挑発する方法を探していたのだ。だから、ハルは、馬鹿げた最後通牒を発出して、そして真珠湾で負けたのだ。損害がどんどん発生して、南アジアでの日本の占領で日本が勝利することは、計算できなかったのだ。更には、制海権を失って、ヒトラーと東条が、米国の海岸が見えるところで、アメリカの船舶を破壊することができるようになったのである。

フーバー回想録の原本の八七九頁に、昭和一六年の一一月の土壇場で、三カ月の冷却期間の提案が日本から行われたとの記述がある。

徳富蘇峰は、昭和一七年三月八日東京日日新聞に「日本が七重の膝を八重に折って、提携を迫るも、昨年（昭和一六年）八月近衛首相が直接協商の為に洋上にて出会せんことを促しても、まじめに返事さへ呉れない程であった。而して米国、英国・蔣介石・蘭印など、いわゆるＡＢＣＤの包囲陣を作って蜘蛛が網を張って蝶を絞殺するが如き態度を執った。而して、彼等の頑迷不霊の結果、遂に我をして已むに已まれずして立つに至らしめたのだ」と書いているが、ようやく、フーバー大統領の回想録が、七〇年の時間が経って、徳富蘇峰のその言論がアメリカ側からも裏付けたことになる。

第一一番目のルーズベルトの壮大な過ちは、一九四三年一月のカサブランカにおいて、無条件降伏を要求したことである。米軍の助言も、チャーチルの助言も聞き入れずに、新聞の一面の見出しを狙った。敵の軍事作戦と宣伝担当の耳に入って、ドイツ、日本、イタリアとの戦争を長引かせた。ところが、実際の戦争の終わりには、日本とイタリアには、譲歩したのである。ナチスをなくさない限り、平和はないとしたから、ドイツの和平への希望を失わせただけであった。戦争を徹底して遂行したために、ドイツを再建する構造となる社会インフラも破壊してしまった。

第一二番目の過ちは、一九四三年一〇月のモスクワでの外務大臣会合で、自由とか民主主義の用語が飛び交うなかで、ロシアが、バルト海諸国、東ポーランド、東フィンランド、ベッサラビアとブコビナの併合（是はヒトラーが合意していた）に抗議の声が上がらなかったことである。この沈黙は、大西洋憲章における四つの自由の最後の一つを放棄するものであった。

第一三番目の間違いであり、ルーズベルトとチャーチルとがふらついて一番混乱した例のひとつが、一九四三年一二月のテヘランでの会議である。ここで、第一二番目の失敗であるロシアによるバルト諸国などの併合が確認され、スターリンが、友好的な「国境の諸国」と名付けた、傀儡政権の七カ国を認めたことである。国際的な道義と独立の約束と、自由な人間として、スターリンに対して反対すべきであった。それまで、こうした併合に対する合意や、沈黙と妥協をスターリンと行うことが必要であるほどの、軍事的な危険は無かったのである。

ルーズベルトとチャーチルの間違いとは

ルーズベルトとチャーチルは、致命的な間違いを一九四五年二月のヤルタで犯した。スターリンが一二の国々の独立に対して干渉を加えることを追認しただけではなく、数世代に亘って国際関係に危険をもたらす世界に害を与えるような、悪い勢力の動きを助長するような秘密の協定が多数結ばれた。スターリンが傀儡の国家を七つ作ったことを知りながら、自由で妨害されないとか、全ての自由な人士の参加とか、言葉を繕って、スターリンの暴虐に水を差さないで隠蔽した。

テヘランに於いて、軍事的な観点から妥協をしたことを最も強力に主張した向きも、ヤルタでは、そうした主張もなかった。アメリカの手が汚されずに自由な人間から尊敬される国として存続するのであれば、自由な人類と品性の為にも何か一言反論をすべきであった。これでもかと、日本は和平をもとめる。一九四五年の五月、六月、七月と、日本は白旗を掲げて和平を求める打診をしてきたが、トルーマンはこれを拒否した。トルーマンは、ルーズベルトの無条件降伏の愚かな条件に従う義務は無かったのである。ヨーロッパの軍事指導者が（日本との和平に反対して）認めなかった。

日本との和平はただひとつの譲歩で達成できた。精神世界でも、日本国家としても元首である天皇（みかど）の保全と言う一点であった。天皇の地位は、千年以上の信仰と伝統に基づくものである。米国側が、最終的に受け入れたのは、数十万の人命が犠牲になった後であった。

ポツダムにおけるトルーマンの過ちが、第一六番目の過ちである。民主主義国では、経験の無い人物に政権が渡され、共産主義者が、重要な糸が繋がるようにして色々な場所に出現した。ポツダムでの合意の全てが、スターリンに対して降参したことを追認したり、拡大することであった。

共産主義者の併合と傀儡政権がスターリンとより繋がりが強化されたばかりではなく、ドイツとオーストリアの一部がスターリンの懐に入ってしまうような政府の条項となった。賠償政策は、米国の納税者の負担が怠け者のドイツの救援の為に使われる結果をもたらし、ドイツだけではなく、ヨーロッパの再興のために、数十億ドルのカネが使われることになった。戦争捕虜が奴隷のようになり、自らの土地から民族追放が行われることが批准され、ヤルタでのそうした愚策が拡大された。是に加えて、指導者の人々の忠言に反して、日本に無条件降伏の最後通牒が出されたことである。

アメリカの経験のある複数の人々が声をあげて勧告した、天皇（みかど）を維持することを許す救済条項を入れないで、無条件降伏を要求したことである。日本側は、回答として、この条件のみを求めたが、原子爆弾を投下した。そして、最後になって、この日本側の条件を受け入れた。

第一七番目のアメリカのさまよえる政治家道は、トルーマンが日本人の上に原子爆弾を落とす命令をするという非道徳な命令をしたことである。日本は繰り返して平和を求めていたにもかかわらず、原爆を投下したことは、アメリカの全ての歴史のなかで、他に比較するもののない残忍な行為であった。アメリカの良心にとって、永久に重くのしかかるであろう。

フーバー大統領の回想録の、日本に対する原爆投下の評価である。二度と誤ちを繰り返してはならないのが、どちらの側かは、歴然としている。広島の慰霊碑の碑文は書き換えるべきではないだろうか。

トルーマン、マーシャルとアチソンが中国に関して、その政治家道を失った第一八番目の事例である。ルーズベルトが、蔣介石が共産党と合作することにこだわって、中国に関する裏切りの秘密協定がヤルタでできて、モンゴルと、その結果として、満州をロシアに渡すことになった。

トルーマンは、側近の左翼の顧問が強くこだわったことを、マーシャル将軍が、その側近連中の意向を実行する為に任命したことから、全ての中国を犠牲にすることになった。マーシャル将軍は、そうした政策を通して、政治家道が失われて、トドのつまりは、四億五〇〇〇万のアジアの人々をしてモスクワ傘下の傀儡政権にしてしまったことが、毛沢東に中国をあげてしまった壮大な過ちとして評価されなければならない。

モスクワ会議、テヘラン会議、ヤルタ会議、そしてポツダム会議を通じて、中国に係る政策は、第三次世界大戦を引き起こす可能性のある竜の歯が、世界の至る所にばらまかれた。何年も「冷戦」が続き、朝鮮戦争が勃発し、アメリカが再度敗北してしまう可能性のある恐れのある、北大西洋同盟が弱々しく成立した。

フーバー大統領の回想録は、既に米中の対立の可能性と第三次世界大戦の可能性についても言及している。

以上がフーバー回想録にまとめられた、一九の失敗例であるが、それは日本の名誉回復にも繋がる内幕に言及している。

賢者は歴史に学び、愚者は経験に学ぶと言うが、このフーバーの回想録は、四七年の長きに亘って隠されてきた。フーバー大統領の没後四七年にスタンフォード大学のフーバー研究所から出版されたのであるが、それが公開されたこと自体に、やはり理由があるものと考えられる。米国の戦後体制も虚構の上に立てられており、戦争に敗北した日本も、自信を喪失したばかりではなく、歴史を書き換えられて、真実が隠匿されてきた感を免れない。

「勝者」であったはずのアメリカ側で、こうした「Statesmanshipからすれば敗北」したとする回想録が出版されたことは、虚構の修正が求められていることを示すものである。フーバー大統領の回想録は、日本の正統性と名誉を回復する可能性が高い。日米関係にとって重要なことであり、特に日米間ののど仏に刺さった骨を取り取り去ってしまう可能性が出てきた証左である。

日米戦争は狂人の欲望から
――フーバー三一代大統領の証言

戦争を仕掛けたのは日本!?
冗談じゃない、フーバー証言をみよ!

茂木弘道

戦争＝日本という思い込みに今なお支配されている日本

日本国憲法を今でも「平和憲法」と称する人々がいる。その典型が「九条の会」に属する人々であるが、日本全国にこの会は八〇〇〇を数えるという。

しかし、「日本のみが戦争を放棄すれば平和になる」という日本国憲法の考えは、正常な思考力をもってすれば、これほど馬鹿げた考えはあるか、ということになるはずである。実際日本国憲法のこの戦争放棄の考えが発表された時に、アメリカの学者で、世界中の国が戦争放棄をすることによってのみこの考えは成り立つという主張をした人がいたそうである。これが一〇〇%当たり前の考えであるが、当然葬り去られた。

日本のみに戦争放棄を迫るのは、どう考えても日本徹底差別の考えに基づくものである。平和を愛する諸国民＝性善説、戦争を起こす日本＝性悪説という差別思想に基づいてのみ成り立つのが、「九条」思想である。これを崇高な理想などとほざくのは、詐欺に騙されているのを気がつかず、きれいごとを唱えている大バカ者、ということになる。

しかし、今振り返るとこんな事態になったのは、敗戦という異常事態下で、日本人の意思力、思考力が極度に狂ってしまっていた惨状をまず認めざるを得ない。繰り返すが、日本のみ戦争放棄などということには「日本差別」という根本原則をはずしては、どんな理屈によっても成り立ちえない。

この狂った状態に付け込み「異常状態」を「恒常状態」に転化したものが、GHQのいわゆるウォー・ギルト・インフォメーション・プログラム（War Guilt

Information Program＝ＷＧＩＰ）である。戦争は好戦国日本によっておこされた。日本は戦争を起こした凶悪国家である。日本人は本質的に好戦的民族である。ＧＨＱは日本人をこう決め付ける宣伝戦を展開し、日本人に罪の意識を植え込むＷＧＩＰを徹底して行った。大規模な焚書というナチスは勿論、共産国家も真っ青な言論弾圧、徹底的な検閲、情報統制基づいて一方的な歪曲情報である「太平洋戦争史観」の宣伝、教育を表向きは「言論の自由」をよそおいつつ行ったのである。

情けないことに日本の知性は、良識派も含めこれにやられてしまった。特に進歩派と称する知性、さらに左翼派の知性はこれに喜んで屈してしまったのである。そして、その推進者と化したのである。これがいわゆる学問の世界、マスコミを支配することになったのである。

いつの間にか、日本という性悪国家が戦争をしないと決意すれば、世の中は平和になるなどという子供でもおかしいと思わざるを得ない考えが、日本の言論空間を支配するようになってしまったのである。全くの詐欺に引っ掛かった、というか今でも引っ掛かっているのが日本なのである。

フーバー元大統領の衝撃的証言

しかしながら、あの戦争の実態は全くそのようなものではなかった。日本が追い込まれ、やむを得ず行った戦争であったということは、その後日米双方で次々と明らかにされてきた。アメリカ議会調査を皮切りに、真珠湾事件の真相を明らかにした報告書、書籍は続々と発表された。一九四八年に刊行された元アメリカ歴史学会会長のチャールズ・ビアードの『ルーズベルトの責任：日米戦はなぜ始まったのか』は、最も本格的な研究書である。議会資料に基づき、ルーズベルトが日本に最初の攻撃を仕掛けるように仕向けたことをほぼ立証している。反発が激しくほとんどその後印刷されなかったようである。日本語訳は、アメリカでの発刊から六三年後ようやく藤原書店から、上下二巻本として刊行された。

一九五一年五月三日に、GHQ最高司令官だったマッカーサーが、上院軍事外交委員会で「日本が戦争に飛び込んでいった動機は大部分が安全保障の必要に迫られてのことだった」と証言したこともよく知られている。

これまでに明らかにされた史実の中で最も強烈なルーズベルト戦争責任論は、J

B—三五五日本本土爆撃作戦計画（本書六七頁参照）であろう。陸海軍合同委員会提出の中国大陸の基地から日本本土の主要都市を爆撃する詳細な作戦計画が、日米交渉未だ前半期の一六年七月一八日に陸海軍長官の連名で大統領に提出され、ルーズベルトがOKサインを二三日にした文書が一九七〇年に公開されたのである。真珠湾攻撃五〇周年の一九九一年一二月六日、ABC放送が20／20という番組で放送をしている。

これは戦争遂行命令であるから、そのまま行けば、一〇月末から一一月には日本本土爆撃が実行されたはずだったが、イギリスに急遽長距離爆撃機をまわさねばならなくなり、作戦実施が遅れ、実現しなかった。

また、もともと強硬なアメリカ参戦反対論者であった共和党のリーダー、ハミル

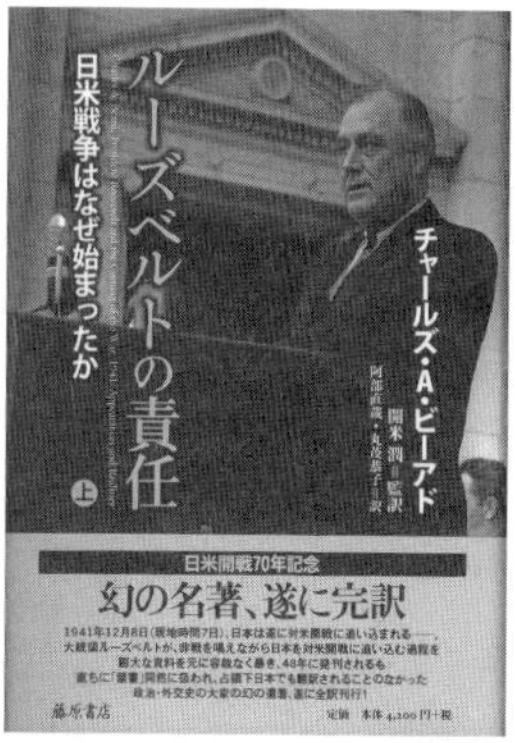

『ルーズベルトの責任——日米戦争はなぜ始まったか』上下、藤原書店、2011年

トン・フィッシュ下院議員が真珠湾攻撃の直後のルーズベルトの「恥ずべき行いの日」声明を聞き、真っ先に下院で宣戦布告支持の演説を行った。しかし「現在私は、その時発言したことの全てを否定しなければならない。なぜなら真珠湾攻撃の10日前（一一月二六日）にルーズベルトが日本に対して最後通牒を送りつけていたことを、当時議員の誰一人として知らなかったからである。」つまり宣戦布告権限を持つ議会に真実を隠して、戦争に持っていったことを非難しているのである。

このように、ルーズベルトが国民を騙して戦争に持ち込んだという説は今や非常に有力になってきているのであるが、ここに来て決定的と言える証言が現れたのである。

第三一代大統領フーバーが二十数年の歳月をかけて書きあげた著書『FREEDOM BETRAYED』（裏切られた自由）——Herbert Hoover's Secret History of the Second World War and Its Aftermath（フーバーの第二次大戦秘史）が、二〇一一年にフーバー研究所から刊行された。原稿が完成してから四七年後のことである。ルーズベルト、そしてアメリカの正義の戦争論という正統派歴史観を根底から覆す内容のために、世の反発を恐れて、フーバー死後遺族が出版をためらっていたために刊行が斯くも遅れたものと推察される。なるほどすごい内容である。フーバーは、次のように言っている。

「日本との戦争の全ては、戦争に入りたいという狂人（ルーズベルト）の欲望であった」（八三三頁）

これは、どんなコンテクストで出てくるのかというと、戦後一九四六年に来日し、元の部下筋に当たるマッカーサー最高司令官とサシで三回、計五時間会って話をした折に、私はこのように思うとマッカーサーにいったところ、マッカーサーは私もそう思うと答えた、というのである。フーバーの独断ではないというわけである。

さらにそれに続いて、「一九四一年七月の在米資産凍結は、挑発的な行為であっただけではなく、日本はたとえそれが自殺的であろうと戦わざるを得なくなるものだ。なぜなら経済制裁は殺人を除くあらゆる戦争制裁を伴うものであるので、誇りを持つ国が長期に耐えられるものではないからだ」といったことについてもマッカーサーは、同意したと書いている。（八三三〜八三四頁）

戦争を起こしたのはアメリカ！

日本が戦争を起こした？　全部ウソ、その逆で、戦争を起こしたのはアメリカではないか！　どこかの変人がたわごとで言っているのではない。ルーズベルトの前の大統領が、はっきりと「日本との戦争のすべては戦争に入りたいという狂人（ルーズベルト）の欲望だった」と書いているのである。

日本が戦争を起こした、ということを絶対的な事実と信じ込んでいる多くの日本人は、少なくとも「もしかしたらとんでもないウソを信じ込んでいたんではないか？」と疑いくらいは持たないといけないのではないか？

日本は半封建的で、絶対君主天皇がいたから戦争を起こした？　本当は「民主主義国」であるはずのアメリカが戦争を起こしたんですよ。

日本は軍部が政治を支配したから戦争を起こした？　文民統制だったはずのアメリカが日本との戦争を起こしたんですよ。

日本は言論の自由がなく、軍国主義に反対する意見が弾圧されていたから戦争になった？　アメリカはかなり言論の自由はあったはずだが、そのアメリカが戦争を起こしたんですよ。

日本は偏狭な民族主義日本優越主義を信じていたために戦争を起こした？　多民族国家のアメリカが日本との戦争を起こしたんですよ。

日本は国家神道というファナティックな信仰を国民に強要していたから戦争を起

こした？　キリスト教国で、信仰の自由とかを主張しているアメリカが実は日本との戦争を起こしたんですよ。

全て、我々が戦後教えられ、また今でも朝日新聞をはじめマスコミで常識のようにいわれていることは、全ておかしいんじゃないですか、ということになる。当然、「9条の会」のように、憲法第九条という、現代世界に希な人種差別条項を守れば、世界に平和が来るなどという「迷信」は余りにもひどいんじゃないですかということになる。

フーバーのルーズベルトの対日政策批判

『フーバー回顧録』（正しくは"FREEDOM BETRAYED"）の片言隻句を取り出して、アメリカが日本に戦争を仕掛けたと言っているのではないか、という人もあるかと思う。しかし、前述したように、フーバーがほんの片隅で「日本との戦争の全てが」と言っているのではなく、マッカーサーとのサシでの対談の時にこの意見を述べ、マッカーサーがこれに同意しているのである。片言隻句どころの話ではない。従って、一九五一年五月三日の上院軍事外交委員会におけるマッカーサーの例の証言も、思いつきなどではなく、こうした考え方を持っていたからこそであるということになるわけである。

フーバーのルーズベルトの対日政策批判をもう少し引用してみよう。

・一九四一年七月の日本に対する経済制裁は、undeclared war（宣戦布告なき戦争）であった。（八四六頁）

・一九四一年九月の近衛の和平提案を拒否したこと。この提案は、駐日アメリカ大使も、イギリス大使も祈るような気持ちで実現することを期待していたにもかかわらずである。（八七九頁）

・一九四一年一一月、日本の最後の譲歩案（三カ月の凍結案＝乙案）を拒否して、ハル・ノートで応えたこと。これを一切議会に報告せず、国民は何も知らず。フーバー自身も全く騙されていた。（八七九頁）

またこれは開戦後のこと、対ドイツも含めてのことであるが、一九四三年一月カサブランカで「無条件降伏」を、アメリカ軍関係者、チャーチルの助言も聞かずに、勝手にマスコミ受けを狙って、打ち出したことを強く批判している。なぜなら、「無条件降伏」が戦争の長期化をもたらす大きな要因となったからである。（八七九〜八八〇頁）

もう一つ付け加えておくと、フーバーはアメリカの原爆投下に対して厳しい批判を行っている。アメリカの一流政治家の中で希な良心的な発言である。「日本は、再三和平への意向を示してばかりか、原爆投下はアメリカの歴史上並ぶことのない残虐行為である。これは、アメリカ人の良心に対して永遠に重くのしかかってくるであろう。」（八八二頁）

フーバーは無能大統領？

フーバーは、成功した大統領であるルーズベルトへの嫉妬からこのような批判をしているのではないか、と主張する人もいるかもしれない。確かにフーバーは不運にも就任した年に大恐慌に見舞われ、それを回復させられないうちにルーズベルト政権にとって代わられた。

では、ルーズベルトはいわゆるニューディール政策によって、アメリカの景気を回復させることに成功したのだろうか？　実は答えは、ノーなのである。

ニューディール神話が怪しいことは、先ずその象徴のようにいわれているフーバーダムが、何故ルーズベルトダムではないのか、ということから始まる。どうも我々が教科書などで教えられてきたことはおかしいのである。実は、一九三三年以降、ニューディール政策による景気回復は極めて遅々たるものだったのである。

共和党リーダーの一人ハミルトン・フィッシュ下院議員は『日米開戦の悲劇――誰が第二次大戦を招いたのか』（岡崎久彦訳）（ＰＨＰ）で、「六年間のニューディール政策の失敗の後アメリカでは未だ一千三百万人が失業状態だった」（九六頁）と書いている通りである。

何のことはない、フーバー大統領無能説は、ルーズベルト自体の無能、ニューディールの失敗、そして戦争によって初めて経済が回復したという事実を覆い隠すための煙幕だったということである。

何故ルーズベルトを徹底批判？

フーバーは戦争不介入主義者、国際的な人道支援事業者、徹底的は共産主義批判の自由主義者であったが、三〇冊を超す著述を残した著述家でもある。最も力を注いだのが、“FREEDOM BETRAYED”であり、そのための資料収集の過程でHoover Institute on War, Revolution and Peaceという資料館（蔵書二五〇〇万点）をつくり、それが現在のフーバー研究所に発展している。

本書は二〇数年かけ、五回以上の全面修正、加筆、資料を追加の末に一九六四年に完成し、一旦は出版社に持ち込まれたが、フーバーの死去で出版に至らなかった。今回刊行されたものは歴史家のジョージ・ナッシュにより再編集されたものであるが、ナッシュの解説を入れると一〇七七頁という大冊である。

フーバーは第1章を「自由人に対して大きな知的、道徳的な災厄がやってきた」と、共産主義の根底的な批判から始めている。即ち第二次大戦をみていく場合の座標軸として共産主義の果たした役割、影響ということが最も重要であると考えている訳である。

ルーズベルト批判は「七年間に冒した一九回の過ち」（八七五～八八三頁）としてまとめられているが、その二番目にでてくるのが、一九三三年の共産ソ連承認である。これが共産主義のアメリカ（政府を含む）浸透を許し、ソ連を支持し、ソ連の世界侵略を許してしまうことになる。一九三八年のミュンヘン合意により、ヒットラーはソ連攻撃への道が開けたと考え、それを目指したのに、アメリカがイギリスに圧力をかけてポーランドの独立保証をさせたために、その結果として英仏対ドイツの戦争に持って行ってしまったことを批判する。独裁国同士は戦わせればよいのだ、というのが自由主義者フーバーの考えである。

なお、本書は膨大な資料が掲載されていると述べたが、一つの例をご参考までに挙げておこう。

アメリカはレンド・リース法によってソ連に膨大な軍事援助を与えたが、ソ連は少しも有り難がらず要求ばかりするのを駐ソアメリカ大使が怒っているところに、具体的な援助額がでてくる。すごい数字である。

「戦車：七〇〇〇両、装甲車：六三〇〇、トラック：三七万五〇〇〇台、ジープ：五万二〇〇〇台、航空機：一万四一七〇〇機」（＊筆者感想：ソ連軍はアメリカの傀儡軍?!）

なお、先に紹介した対日政策批判は、この一九回の過ちの中に出てくるわけである。

ルーズベルトはなぜ戦争を欲した？

八五七頁で、フーバーは次のように書いている。

「これまでに明らかにされてきた歴史の光に照らしてみれば、一九三八年から一九四一年に至る間について客観的に見ていけば、ルーズベルトがアメリカを戦争へと導いていったことを明白に示すであろう。」

では、何故ルーズベルトはアメリカを戦争に導いたのだろうか？　おなじ八五七頁で次のように書いている。

「ルーズベルトはニューディール政策と六年間にわたって一千万の失業者に職を与えようとしたことの失敗を隠蔽しようとしたのだ。ニューディール政策のスキャンダルを隠蔽するために、自らをワールト・パワー・ポリティックスの世界に登場させることによって国民の意識を逸らそうとしたのだ。彼はパワー・ポリティクスの世界に躍り出ることにより、そして絶えず恐怖と緊急性を煽り立てることによって、再選を確保し、またそれは、彼の自己顕示欲とさらなる自己の野望に訴えるものであった。」

また、八五八頁では彼の知的不誠実性を問題にしている：

「彼は自己顕示欲を濫用し、邪悪な陰謀により、知的不誠実により、ウソにより、また憲法を蹂躙することによって、国民を不必要で、途方もない破局へと引き込んだのである。」

ハミルトン・フィッシュの説明もこれに加えておくべきだろう。ルーズベルトが戦争を望んだのは、

・暗黙の約束も含めた対外コミットメントを守るため。（筆者注：対英、対ソ、対中がその中心）

・悲劇的な失業状態を回復するため（なお、『真珠湾の真実』を書いたジョン・フリンは、一九三八年には、ルーズベルト政権に最も近いところにいた政策顧問が、日本を戦争に追い込むことで、アメリカの海軍用艦船を建造させ、アメリカの重工業を復活させると語っていた、とのべている。）

・国際主義者として実際に戦争に介入したいという欲望を持っていた。

・戦争を指導した大統領になることで権力欲を満たし、その名を歴史にとどめたいと思っていた。
・国際連合を結成し、その実質的な支配者ないしはスターリンとの共同支配者になろうとしていた。（『日米開戦の悲劇』九六、九七頁）

アメリカ大統領は「修正主義者」？

ルーズベルトとアメリカの正義の戦争を批判する論に対しては、直ちに「修正主義者」（レヴィジョニスト）という批判というよりも罵倒が浴びせられる。

筆者もたびたび体験したが、外国人特派員協会の記者会見で、南京事件批判や、ルーズベルト批判といったことを口にすると、「レヴィジョニスト」のレッテル貼りのよって全てが解決、というか葬り去られるという状況があるのである。

実は、アメリカのマスコミを含めた知的空間でも似たような状況である。既に述べたように、ルーズベルトの戦争犯罪は、次々と暴露され、アメリカが正義の戦争をしたなどということは、実証的にはとても成り立たない論となりつつあるのだが、アメリカの正統派歴史観は今でもアメリカの言論、学問の世界を支配している。彼らがその立場を保持している砦が「修正主義」＝悪、誤り、という断定である。

しかし、おかしなことである。「歴史修正主義」はなぜいけないのだ。世の中に絶対的真理などあるはずもない。特に歴史などの実証的な学問においては、昔正しいと思われていた事実が、研究によって覆され、より正しい歴史像が形成されていくというのが常識ではないか。何故、間違いを修正することは『悪』なのだ？

実は、「修正主義」という用語は、そもそもマルクス主義用語である。ドイツの社会民主党のベルンシュタインをカウツキーが「修正主義者」と批判したのがもとで、この語が共産主義者の間で強烈な罵倒語として使われるようになったのである。共産主義に於いては、絶対的な真理はマルクス主義によって与えられており、それを修正するということは「裏切り」であり、真理に反することになる。

アメリカで、もともとマルクス主義者用の用語であった「修正主義」という言葉が、同じニュアンスで使われているというのは甚だ奇妙なことである。共産主義の一有力流派のフランクルト学派がアメリカの知的世界をリードしていることをこれは暗示しているのかもしれない。こういう用語を平気で使い、それをアメリカで常識にまで持っていくほどマルクス主義は、アメリカで影響力を持っているのであろう。

しかし、ここで「修正主義者」という批判をする人たちに一つ言ってみたいのは、「そうですか、アメリカの元大統領は「レヴィジョニスト」なんですか?」「フーバー大統領のこの著作のどこが間違っているのですか?」「もしフーバー大統領が「レヴィジョニスト」であるというなら、「レヴィジョニスト」こそ正しい歴史をかたっていることになるのではないですか」ということである。

一刻も早く日本語訳版の刊行を!

"FREEDOM BETRAYED"は、第二次大戦の真実を見直すための鋭い歴史観と貴重な歴史事実が膨大に収容された歴史学にとっての重要資料である。世界の歴史学会に於いて、これを無視した第二次大戦論は成り立たない、ということに次第になって行くであろう。特に、東京裁判史観=戦勝国史観の支配から未だに脱却していない日本の歴史学会にとっては必読資料であろう。

一刻も早い日本語訳版の刊行が切望されるところである。既に版権を取っているところがあるようなので、翻訳、刊行を急いでいただくよう要望する次第である。

著者プロフィール

加瀬英明（かせ・ひであき）
一九三六年、東京都生まれ。外交評論家。慶應義塾大学、エール大学、コロンビア大学に学ぶ。「ブリタニカ国際大百科事典」初代編集長。一九七七年より福田・中曾根内閣で首相特別顧問を務めたほか、日本ペンクラブ理事、松下政経塾相談役などを歴任。主な著書に『加瀬英明著作選集』（勉誠出版、二〇一五年）などがある。

藤井厳喜（ふじい・げんき）
一九五二年、東京都生まれ。国際政治学者。早稲田大学政経学部政治学科卒。クレアモント大学院政治学部（修士）を経て、ハーバード大学政治学部大学院助手、同大学国際問題研究所研究員。八二年から近未来予測の「ケンブリッジ・フォーキャスト・レポート」発行。主な著書に『紛争輸出国アメリカの大罪』（祥伝社、二〇一五年）などがある。

稲村公望（いなむら・こうぼう）
一九四七年、奄美・徳之島の大島松原郵便局の宿直室で生まれる。中央大学大学院客員教授。フレッチャースクール修士。沖縄郵政管理事務所長、総務省政策統括官、日本郵政公社常務理事、日本郵便副会長を歴任。主な著書に『黒潮文明論――民族の基層と源流を想う』（彩流社、二〇一五年）などがある。

茂木弘道（もてき・ひろみち）
一九四一年、東京都生まれ。「史実を世界に発信する会」（代表・加瀬英明）事務局長。東京大学経済学部卒業。富士電機、国際羊毛事務局を経て、一九九〇年、（株）世界出版を設立。主な著書に『戦争を仕掛けた中国になぜ謝らなければならないのだ！――「日中戦争」は中国が起こした』（自由社、二〇一五年）などがある。

日米戦争を起こしたのは誰か

ルーズベルトの罪状・フーバー大統領回顧録を論ず

2016年1月18日　初版発行
2016年2月1日　初版第2刷発行

著　者　加瀬英明・藤井厳喜・稲村公望・茂木弘道
発行者　池嶋洋次
制　作　一般社団法人 勉 誠
発行所　勉誠出版 株式会社
〒101-0051　東京都千代田区神田神保町3-10-2
TEL：(03)5215-9021(代)　FAX：(03)5215-9025

〈出版詳細情報〉http://bensei.jp

印刷・製本　太平印刷社
装　　丁　萩原　睦（志岐デザイン事務所）

ISBN978-4-585-23036-6　C0031

加瀬英明著作選集　第1巻
アメリカ・中国・中東は、どうなってゆくのか
加瀬英明　著

外交評論家・加瀬英明氏の初の著作選集、全六巻。日本の外交政策、天皇制、大戦を含む近現代史について、常にラディカルに評論を展開してきた加瀬英明氏。彼の五十年以上に渡る文筆活動から、珠玉の名篇を選りすぐった。近隣外交で壁に当たり、また憲法・軍事、国のあり方が問われる現代日本に、何が欠けているのか。言論の弾丸が、現代日本を撃つ！

A5判上製・500頁
本体3200円＋税

昭和天皇の戦い
昭和二十年一月〜昭和二十六年四月
加瀬英明　著

日本が崩壊しようとするとき、天皇はなにを思ったのか。再建の苦闘のなかで、いかに行動したのか。先の大戦の最後の年一九四五年から、マッカーサーが日本を離れる一九五一年まで、昭和天皇をはじめ、宮中、皇族、政府、軍中枢はどのように動き、未曽有の事態に対応したのか。綿密な取材によって、日本最大の危機に立ち向かった人びとの姿を克明に描きだす。

四六判上製・480頁
本体2800円＋税

大東亜戦争は、アメリカが悪い
鈴木敏明　著

「日本だけがすべて悪い」という自虐史観の前提なしに、「戦争にも相手がある」という現実感覚で、海外資料を博捜、事実関係を再確認、そこに真実が浮上した。素人だからストレートに書けた、別格おもしろ近代史読本！　定年ビジネスマンが歴史を書き替える!!　英語版・デジタル版を同時発売・海外へ発信！

四六判並製・800頁
本体3200円＋税

決定版　東京空襲写真集
アメリカ軍の無差別爆撃による被害記録
早乙女勝元　監修
東京大空襲・戦災資料センター　編

東京空襲の全貌を明らかにする決定版写真集。一四〇〇枚を超える写真を集成。戦争の惨禍を知り、平和への願いを新たにする。これまで紹介されていなかった写真もふくめ、東方社、日本写真公社、石川光陽などの写真を日付ごとに網羅。詳細な解説と豊富な関連資料を付す。

A4判上製・536頁
本体12000円＋税